妳沉迷的不是他
而是拼盡全力去愛的自己

一週撕心裂肺五天的愛情，一點都不浪漫

作者──羅 伊 說

妳沉迷的不是他
而是拼盡全力去愛的自己

一週撕心裂肺五天的愛情，一點都不浪漫

作　　　者	羅伊說	總 代 理	三友圖書有限公司
攝　　　影	Edie	地　　　址	106台北市安和路2段213號4樓
編　　　輯	陳若愉	電　　　話	(02) 2377-4155
校　　　對	歇腳亭、羅伊說	傳　　　真	(02) 2377-4355
美 術 設 計	杜威	電 子 郵 件	service@sanyau.com.tw
		郵 政 劃 撥	05844889 三友圖書有限公司
發 行 人	程顯灝		
總 編 輯	呂增娣	總 經 銷	大和書報圖書股份有限公司
資 深 編 輯	吳雅芳	地　　　址	新北市新莊區五工五路2號
編　　　輯	藍勻廷、黃子瑜	電　　　話	(02) 8990-2588
	蔡玟俞	傳　　　真	(02) 2299-7900
美 術 主 編	劉乃堂		
美 術 編 輯	陳玟諭、林榆婷	製 版 印 刷	卡樂彩色製版印刷有限公司
行 銷 總 監	呂增慧		
資 深 行 銷	吳孟蓉	初　　　版	2021年3月
行 銷 企 劃	鄧愉霖	一 版 二 刷	2021年4月
		定　　　價	新臺幣350元
發 行 部	侯莉莉	I S B N	978-986-5510-56-5（平裝）
財 務 部	許麗娟、陳美齡		
印　　　務	許丁財		
出 版 者	四塊玉文創有限公司		

國家圖書館出版品預行編目 (CIP) 資料

妳沉迷的不是他，而是拼盡全力去愛的自己：一週撕心裂肺五天的愛情，一點都不浪漫 / 羅伊說作.
-- 初版 . -- 臺北市：四塊玉文創有限公司 , 2021.03
面；　公分

ISBN 978-986-5510-56-5(平裝)
1. 戀愛 2. 兩性關係

544.37　　　　　　　　　　　110000778

- 作者序 -

沒有女人喜歡成長的過程，
但她們全都喜歡成長的結果。

羅 伊 說

目
錄
chapter 1

「只有學會理性，妳才知道要把感性留給誰」

·我不是難搞，我只是不想將就生活 12

·我沒有原諒你，我只是算了 14

·伴侶要有危機感，讓他秒懂妳的行情 16

·吃苦不是為他做牛做馬，而是永遠貌美如花 18

·男友的前任不是敵人，是鏡子 20

·短文系列 - 前男友交新女友又說喜歡我，還會開車一小時來看我幾分鐘 22

·妳迷戀的不是他，而是那個為愛瘋狂的自己 24

·信任不是只有 0 跟 100 分，而是隨著彼此的關係浮動 26

·約會到底誰該買單？ 28

·你可以同時喜歡兩個人，但不要把我算進去 30

·短文系列 - 原諒男友偷吃後，活得更沒有安全感 32

·對混蛋著迷沒有關係，讓他留在妳的腦中，別留在妳的生活 34

·最帥氣的分手不是精心佈局，而是轉身離去 36

目
錄
chapter 2

「原諒別人是為了原諒自己，原諒自己妳才能放心前行」

・分手復合不是兩個人又在一起，而是兩個不同的人重新在一起　40

・都要甩了我，為何還哭得那麼真誠　42

・別讓一次婚姻的失誤，蔓延成一生的失敗　44

・妳所認為放不下的感情，可能還不如妳的手機　46

・七年之癢 —— 有時候妳什麼都沒做錯，他就是想去外面看看　48

・短文系列 - 如何面對劈腿？　50

・自殺到底能不能挽回愛情？　52

・好友搶了我的男友，這種雙重背叛該如何放下　54

・無論妳有任何過去，都依然值得被愛　56

・短文系列 - 愛情裡的犧牲跟妥協，界線該如何區分　58

・想換人，先分手，騎驢找馬沒好貨　60

・妳真的很好，只是這次戀愛運氣不好　62

・如果失戀總要好起來，不如就選今天　64

目錄

chapter 3

「既能保守，又能開放，追求自律，享受自由」

· 喜歡妳，但不想交女友 —— 妳可能正在提供情人租借的服務　　68

· 金錢可以買來陪伴，但買不到愛情　　70

· 先試車再交往，勇敢追求自己的性保障　　72

· 承認自己很渣，並不是一種解脫　　74

· 高潮這檔事，其實真的可以不用麻煩妳　　76

· 短文系列 - 如何給出性才是值得？　　78

· 性的本身並不珍貴，貴的是妳換給了誰　　80

· 一夜情的價值 —— 越陌生的人，經常讓自己越真實　　82

· 分手期間男友約炮，該原諒他嗎？　　84

· 交友軟體找愛情，能靠譜嗎？　　86

· 短文系列 - 男友手機存一大堆女生照片，他說只是想看，但這樣我很自卑　　88

· 妳要百變，他才不變　　90

· 愛的最高表現不是慾望對等，而是慾望約束　　92

「成長不是放棄單純，而是能接受一個更複雜的自己」

· 成年後有一種社交方式，叫喝酒　　　　　　　　　　　96

· 長大後發現，有些友情再不捨，也會走散　　　　　　98

· 給妳五千萬，妳願意跟現在的伴侶分開嗎？　　　　　100

· 異性閨蜜不能跨越的三條原則　　　　　　　　　　　102

· 未來女生不求漂亮，只求身材極棒，因為臉比較好弄　104

· 短文系列 - 憑什麼偷吃的男友跟小三可以過上他們想要的人生？　106

· 快樂不是本能，而是技能　　　　　　　　　　　　　108

· 妳買的不是奢侈品，而是青春該有的樣子　　　　　　110

· 無價的愛情是殉情，餓死的愛情是不會被寫成故事的　112

· 當不當網美，妳都該學會拍照　　　　　　　　　　　114

· 短文系列 - 如果成長是要忘記純真跟快樂，那還真的不想長大　116

· 妳不用先有理想，妳可以先有錢　　　　　　　　　　118

· 我活成了曾經討厭的人，但卻挺喜歡現在的自己　　　120

目
錄
chapter 5

「對的定義是真誠善良，剩下的不對都能商量」

· 為何爛男友總能團滅好男人　　　　　　　　　　　　　124

· 沒有不開心，也沒有開心 —— 當愛情就只剩沒有使用障礙而已　　126

· 分手後更甜蜜 —— 知道怎麼曖昧，但不知道怎麼戀愛　　128

· 男友對現在的妳跟過去的妳有了差別待遇？　　　　　130

· 面對伴侶的感情污點，千萬別把自己也弄髒了　　　　132

· 短文系列 - 跟男友家境差很多，他爸爸覺得不夠門當戶對　　134

· 伴侶要選合適的還是喜歡的？　　　　　　　　　　　136

· 我們還是可以相愛，只是我不再羨慕自己　　　　　　138

· 安全感不等於存在感 —— 尋找自己的價值，不要尋求別人的關注　　140

· 選男友，好笑比好看重要多了　　　　　　　　　　　142

· 短文系列 - 男友提分手，說我不夠漂亮，找不到甜蜜的感覺　　144

· 伴侶要的是生活，不是活著　　　　　　　　　　　　146

· 那不是冷靜，那是冷暴力　　　　　　　　　　　　　148

目
錄

chapter 6

「每個人都可以擁有愛情，但那跟婚姻未必能扯上關係」

‧婚姻不是漂泊的結束，而是驚濤駭浪的開始　　152

‧最後，她買了 1.5 克拉的鑽戒把自己嫁出去　　154

‧分房睡，救活愛情　　156

‧如果生命只剩十年，妳會留給現在的伴侶嗎？　　158

‧嫁人，別看他對妳有多好，要看他對陌生人有多好　　160

‧短文系列 - 前男友們都結完婚了，剩我沒嫁出去會不會很去臉　　162

‧小三也有掙扎 ── 他說不會離開我，只是不能更靠近了　　164

‧愛情不是妳人生的全部，別讓它耗盡妳全部的人生　　166

‧短文系列 - 他說很愛我，但跟老婆離不了婚　　168

‧她怎麼也沒算到，孩子是老公留住她的工具　　170

‧初戀的糾結 ── 說分手總是不捨，談結婚卻又不甘　　172

‧終於走上紅毯，妳還是沒嫁給那個最愛的人　　174

chapter

01

「只有學會理性，妳才知道要把感性留給誰」

「我不是難搞，我只是不想將就生活」

歡迎來到羅伊說。

「男友越來越懶，每天都過得很隨便，我想散步去吃早餐他說很遠，聖誕節家裡佈置一下他說沒必要，難得出門請他幫我拍張照他說我很難搞。」

其實很多人都把伴侶對「生活的堅持」當成找麻煩 —— 在家煮飯要擺盤，房間要放擴香瓶，喝紅酒要用紅酒杯，假日出門就是要精心打扮。

雖然這些事情有時候看似沒那麼必要 —— 但對於「講究生活」的人而言，儀式感並不是為了做給別人看，而是一種強烈的「自我暗示」。

也就是用「自己的行為」去暗示「自己的價值」，證明自己值得什麼生活。

所以很多女生即便一個人在家，還是很樂意把「別人眼中的麻煩」全搞一遍，如此就能替自己的人生帶來一份「掌控感」。

雖然食物擺不擺盤都要吃進肚子，放不放擴香也不會影響呼吸，但醉翁之意不在酒 —— 用「紙杯」喝紅酒當然會醉，關鍵是醉得不夠優雅。

其實這也是很多人會有的誤區 —— 許多事情的真實價值並不在事情「本身」，而是在完成一件事情的「過程」。

曾經就有一位女生很愛上課，她學蛋糕，學樂器，學跳舞，學花藝，關鍵是她經常換興趣，好像每次都沒堅持下來。

而最近她又去學了自由潛水，於是我問她真的會持續潛水嗎，結果她說 —— 學「自由潛水」不是為了「潛水」，而是為了「自由」。

所以最後羅伊想說，追求生活的樣子其實非常費力，千萬別小看這些人的努力。

這就像過去總有聲音批評「小確幸」，說排隊吃網美餐廳，抽籤買限量球鞋，隨便換 3C 產品，這些都只是在浪費錢跟時間，做人應該要有大目標。

但事實上小確幸永遠不會消失 —— 因為如果連「小幸福」都懶得去追求，又怎麼會有能力去追求「大幸福」。

當一個人連「投射自我期待」的方式都省略了，那很容易也就會被這個世界給省略了。

我是羅伊，我們下次說。

"省略世界的人，世界也會省略你。"

「我沒有原諒你，我只是算了」

歡迎來到羅伊說。

「男友偷吃求復合，最近對我非常好，經常帶我出去玩，吃大餐，還沒事就送禮物給我，但我不知道要不要原諒他，也不知道還會不會再有下次。」

其實很多人面對伴侶犯錯，都會陷入一個誤區 —— 總覺得一旦選擇「原諒」，就必須跟這個事件「和解」。

所以只要同意繼續交往，就要把這件事徹底遺忘，再也沒有記住這個痛的資格，否則自己就是一個愛記仇的小人。

但事實上伴侶犯錯，並不需要妳來撐出一個大度，即便妳選擇繼續相處，也不代表妳要「還他分數」。

妳只不過是從勾緊一個 90 分的他，變成牽著一個 70 分的他 —— 但如果有一天他低於了 60 分，妳還是隨時可以把手放下。

這就像蔡康永老師在節目裡說過的一句話 —— 很多事情，不是原諒，只是算了。

所以大多時候伴侶犯錯，妳不用急著原諒什麼，也不用對兩人持續的情侶行為倍感矛盾，妳只是還處於這段愛的灰色地帶。

而很多人之所以會把這項決定看得很重，是因為被自己的善良驅動，認為決定了就要對這段感情負責，不能輕易反悔。

接著內心開始掙扎，以為復合就一定要回到之前愛他的狀態，卻又害怕最後結果不如預期，只會受到二次傷害。

但這都只是被自己虛構出來的「操守綁架」—— 其實妳現在做出的任何決定，都不需要無止盡的堅持下去。

所以最後羅伊想說，許多伴侶的糾纏，都不是因為還愛著對方，只是不想讓自己的愛看起來很廉價，好像隨時都可以放棄。

但事實上 —— 愛不廉價，廉價的是愛錯方式。

只要妳很清楚自己的原則跟底線，復不復合，曖不曖昧，分不分手，其實都可以是暫時性的選擇，關鍵還是對方未來如何對妳。

而即便最後妳選了繼續交往，妳依然可以大方地對他說 —— 我沒有原諒你，我只是算了。

我是羅伊，我們下次說。

"那不是原諒，那是算了。"

「伴侶要有危機感，讓他秒懂妳的行情」

歡迎來到羅伊說。

「交往前很多人追我，我選了他，後來因為他不放心，我把所有異性好友全都斷了。結果我乖了一年，卻看到他傳訊息誇別的女生漂亮。」

其實很多女生心中都有這個疑問 —— 戀愛後到底是要很乖，還是要讓男友持續看到自己的行情？

在這邊羅伊統一回答 —— 妳不只要讓男友「看到」妳的行情，更要讓男友「看懂」妳的行情。

因為看到是指「個人價值」，妳的美貌妝容，身材維持，內涵修養，這些事情男友每天都能看到，但價值標準卻是由他自己認定。

所以關鍵不是他沒有看到，而是他沒有看懂 —— 也就是男友習以為常妳的「個人價值」後，往往就忽略了妳的「市場價值」。

簡單來說，伴侶的「危機感」必須滿足兩個條件 —— 第一，妳很好，第二，大家搶著要，而男友如果只知道第一點是沒有任何意義的。

這就像黃金如果取消了市場定價，那立刻就會崩盤下跌。

所以一個女生要保持價值的首要條件 —— 就是必須持續在市場曝光，保有獨立的社交生活。

關鍵是很多人會故意混淆「乖」跟「行情」這兩件事，好像女生戀愛後還想保有市場價值，就是不乖。

這時有些女生一暈船，就會放棄自己的朋友圈，交際圈，工作圈，甚至是姐妹圈。

而只要一旦宣布退出市場，妳頓時所有優秀的條件，全都會變得毫無意義 —— 就像一顆收進珠寶盒被遺忘的鑽石。

但事實上，一個女生保有市場價值非常重要，跟乖不乖也沒有直接關係，千萬別被這種「虛構的道德」綁架。

妳有很多人追，不代表妳一定要給追，大方拒絕也是一種持續在市場曝光的社交方式。

可是只要當妳切斷市場，沒人競爭，妳的價值在彼此心中都將發生猶疑，接著不只是伴侶，可能就連妳都會低估妳自己。

我是羅伊，我們下次說。

"保有市場價值不是為了交易，只是為了讓人珍惜。"

「吃苦不是為他做牛做馬，而是永遠貌美如花」

歡迎來到羅伊說。

「跟男友在一起六年，對他爸媽比對我自己爸媽還好，每天下班都去他家煮飯，假日就是幫他打掃燙襯衫，但最後還是落得一個黃臉婆的下場。」

其實很多女生都誤解為伴侶吃苦的定義 —— 好像只要願意犧牲自己的時間或精力，就是誰也抹不掉的「功勞」。

所以每當談起戀愛，有些女生總會「慣性取代」男友不喜歡的勞務 —— 而當自己替伴侶完成累人的工作，對方自然也會給出不錯的回應。

只不過大多時候這樣的正反饋，反而會導致女方產生「自我價值的誤解」，掉入一種「激勵陷阱」，把「吃苦」當成是自己戀愛的最大競爭力。

接著只要這段感情面臨崩潰，就會出現那句經典的話 —— 沒人會像我一樣為你付出這麼多，你再也找不到一個比我更愛你的人。

但事實上，伴侶之間的「勞務交換」，大多都只是彼此的經濟能力尚未成熟，永遠不可能成為某一方的「絕對優勢」。

只要伴侶開始有能力向市場購買這些服務 —— 不用接我下班，我叫Uber，不用過來煮飯，我叫 Uber Eats —— 這些「辛勞」就再也換不到等值的愛。

特別是這當中還有些女生會認為，好的愛情必定要昇華到心靈層面，所以經常忘了照顧自己的「臉」。

其實這也是許多女生潛意識裡逃避的事情 —— 因為女生要永遠美麗下去，真的比做牛做馬還要累多了。

曾經就有一位獨立女性跟羅伊說過，她每天睡前都有「七道」保養工序，即便自己經常忙到凌晨一、兩點才回家，但還是一道也不能少。

而也正是因為女生認真照顧自己如此麻煩，所以許多人會把「保養偷懶的焦慮」向外轉移，潛意識想用別的價值取代「顏值」。

只不過這樣的結果往往都是悲劇收場 —— 因為「美德」與「美貌」雖然都很誘人，也可以並存，但卻永遠無法交換。

所以最後羅伊想說，網路上曾經流行過一句話 —— 男生負責賺錢養家，女生負責貌美如花 —— 這當中第一句就只是為了押韻，但第二句肯定是真的。

因為女生貌美如花真正負責的對象，永遠不是男人，而是自己。

我是羅伊，我們下次說。

"別把「吃苦」當成自己戀愛的競爭力。"

「男友的前任不是敵人，是鏡子」

歡迎來到羅伊說。

「男生一直點前女友的發文讚，是基於什麼心態？還愛？想復合？刷存在感？還是只為了約炮？或者根本不需要在意。」

其實伴侶的「前任」或「前曖昧對象」，經常就像一根刺 —— 扎著沒多痛，但就是讓人很不舒服。

這些情況輕則點讚、聊天、設摯友，重則刪訊息、約吃飯、甚至偷偷上床。

而只要一旦知道前任的存在，打開 IG 時總忍不住要看一下，或是點開「說讚的人」檢查他們有沒有互粉。

不過看歸看，羅伊在這邊建議大家千萬別用「偵探邏輯」，而是要用「魔鏡邏輯」 —— 也就是伴侶的前任不是妳的敵人，而是妳的鏡子。

因為當妳用偵探邏輯時，妳只是想知道「他們現在」如何，而當妳用魔鏡邏輯時，妳是想知道「自己未來」如何。

特別是有些人總希望看到伴侶的前任過得很差，最好能比自己差一大截，這就是把前任當敵人，只要對方不好就放心了。

這其實是一個很大的誤區 —— 那些人總認為，一定是我的伴侶很好，所以前任失去他之後才會一蹶不振。

但事實上妳該想的是 —— 前任跟他分開後，為什麼沒有學會或保有自己的「獨立價值」。

而這就是魔鏡邏輯，也很值得警惕 —— 因為如果一旦分手，妳自己是不是也會變成一個很差的人？

這無關妳伴侶的事業，財富，品味，人脈，單純就只是「你們的相處模式」，是讓妳的價值觀獲得了提升，還是把妳限制住了。

你們交往，他是期待與妳一同成長進步，還是只想用他的資源「交換完」妳的美貌與青春。

所以最後羅伊想說，伴侶如果是個會出軌的人，妳要做的不是預防，而是果斷分手，盯緊前任是沒用的。

而伴侶的前任其實就像一面魔鏡 —— 妳所找到的蛛絲馬跡，都不是為了防止他們再續前緣，而是反思現在自己是不是孽緣。

我是羅伊，我們下次說。

"在這面魔鏡裡，妳希望看見什麼？"

「前男友交新女友又說喜歡我，還會開車一小時來看我幾分鐘」

短文系列 一

前男友交新女友又說喜歡我，還會開車一小時來看我幾分鐘

同時喜歡兩個人的情緒未必是掙扎，可能是放縱。

有些人的單位時間產值很低，拿來多情已是他最大的收益。

此時沒必要關注對方真不真心，

如果香奈兒買一送一，誰都會開心地拿走贈品。

「妳迷戀的不是他，而是那個為愛瘋狂的自己」

歡迎來到羅伊說。

「我很想跟男友復合，但不知道該怎麼辦，整個人變得很神經病，也無法專心做好一件事情。有時候我甚至很想生一場重病之類的，讓他能夠回來關心我。」

其實無論是男生或女生，少年時期都曾經幻想過「從一而終」 —— 甚至很多人每次只要戀愛，都還是很執著對方要是自己最後一位伴侶。

不過雖然「唯一」聽起來非常浪漫，但其實愛情中最重要的指標不是浪漫，而是舒服。

所以總有一天妳會發現，成熟的愛情最多只是「必需品」，但不是「毒品」。

而這兩者最大的區別就是 —— 必需品可以有「取代方案」，但毒品卻沒有。

這就像妳已經用慣了 A 牌的洗髮精，但如果 A 牌停產，妳可能會有些可惜，但不至於因此崩潰，因為妳能接受 S 牌成為新的取代方案。

所以同樣都是使用完讓人依賴，洗髮精的「成癮性」比較溫和，但毒品的卻非常激烈。

關鍵是大多時候，毒品帶來的激烈，就只是激烈而已，完全沒有任何道理。

而這就是年輕時經常會有的愛情誤區 —— 總以為有條件的愛不夠真誠，喜歡一個人就該沒有原因 —— 好像迷失自我的愛特別「高級」。

所以很多人之所以無法從一段愛裡清醒，真正愛上的都不是對方，而是迷戀「為愛瘋狂」的自己。

此時這些人為愛執著的「主意識」雖然非常痛苦，但「潛意識」卻很享受這樣的人格特質。

而這種感受只要一旦成癮，接下來「童話型」或「奉獻型」的愛情觀，

就會如影隨形的跟著自己。

所以最後羅伊想說，有些伴侶確實很好，很值得讓人放在心上，但也不代表絕對沒有取代方案。

就像 2020 的疫情拆散了許多遠距離戀人 —— 但當自己明白對方再好也無法緊抓不放，就會選擇永遠把對方放在心上。

此時妳要相信，未來的感情生活，總會出現新的方案。

我是羅伊，我們下次說。

"真正成熟的愛情，不怕停產。"

「信任不是只有 0 跟 100 分，而是隨著彼此的關係浮動」

歡迎來到羅伊說。

「信任曾被破壞，雖然一方已經全部坦承，另一方也接受了，但之後又經常因為猜忌懷疑而產生摩擦，如果信任真的不能重建，又該如何設下停損點？」

其實很多伴侶都想把信任簡單切割為 0 跟 100 分 —— 但幾乎沒有人能為了「一次」的謊言就離開對方。

因為對於受騙方來說，此刻放棄並不意味著勝利 —— 比起「被騙」，我們更害怕承認自己是個「會被騙」的人。

所以每當伴侶說謊，最讓人糾結的往往不是事件本身，而是這次欺騙究竟是「隨機性」的，還是「連續性」的。

當伴侶在街上巧遇前任沒說，妳能歸因成自己運氣不好 —— 但如果伴侶長期搭訕別人，妳會懷疑自己辨識情人的能力。

而這就是為什麼很多被騙的人，都會無止盡的相信對方，因為此刻她內心「真正想原諒的」，不是伴侶，而是自己。

接著她所提出最大的交換條件，也不是未來對方要對自己多好，而是絕對不可以再有下次 —— 因為只要沒有下次，她就能繼續相信自己是「聰明的」。

只不過每當原諒的心態已經扭曲，一段感情很容易就像進入了「審訊房」，此時無論伴侶有沒有再次說謊，都必須永遠像個犯人。

而這就是情人相處經常陷入的誤區 —— 很多人以為有了信任才會有好的關係，但事實上是先有好的關係對方才會真誠。

因為一個人之所以不對伴侶說謊 —— 絕不是因為害怕對方「生氣」，而是不想讓對方「失望」。

這就像我們小時候在學校雖然滿口謊言 —— 但總有這麼一、兩個老師，讓我們寧願被處罰，也想說實話。

所以「信任」跟「真誠」從來都不是 0 跟 100 分，而是隨著彼此關係的好壞「浮動」。

只有當伴侶無法接受自己在對方眼中是個會說謊的人，妳才能放心地獲得真誠。

我是羅伊，我們下次說。

"緊迫盯人不會帶來真誠，只會帶來更扎實的謊言。"

「約會到底誰該買單？」

歡迎來到羅伊說。

「跟一個男生約會了幾次，從來都沒有讓他多付錢，只有一次他自己說要請我看電影，我就沒有主動把錢給他，結果最近他卻要把那次的票錢討回來。」

其實這個問題一直困擾著很多人，就是男女約會到底誰該付錢？或誰該「多」付錢？

而羅伊的標準其實非常簡單 —— 想要享受「請客快感」的人付錢。

也就是請客本身是一種「心態滿足」，而「願意多花錢」的人，絕不是因為對方的錢不夠，而是為了買下這份快感。

因為在現代社會，沒有任何人約會時會不帶錢包 —— 所以那張電影票跟晚餐，雙方其實都能負擔，關鍵是最後誰會買單。

這時雙方都不想虧欠彼此的，就會選擇 AA 制。

但如果其中有一方想獲得「請客快感」，那他就會主動買單。

而約會時他之所以會想獲得這份快感，一是為了給自己留下名聲，二是為了給對方留下好感 —— 所以本質上都是一種「自我滿足」。

不過總有人會把請客的原罪推給別人，如果對方沒有給出自己期待的好感，就會覺得自己白花了錢，甚至認為對方佔了自己便宜。

但事實上請客不是為了要別人「還」，而是為了讓自己「爽」。

所以在付錢的那一刻，買單的人其實已經獲得了自己想要的快感，之後也沒什麼可以再討回來的。

況且這世上，沒有人喜歡一直虧欠別人，所以對於經常被搶買單的人，久了可能也是一種情緒傷害。

而總是買單的那一方這時要很清楚，其實你多花的錢可能不單單只是錢，同時還是一種精神負擔，那也未必是對方真心想接受的。

因為比起「金錢虧欠」，「精神虧欠」讓人更加難受，也更加難還。

所以最後羅伊想說，請客的人要知道自己其實已經「爽」過了，未來無論雙方是否有發展，都不足以構成討回金錢的理由。

而面對因為結果不如預期就想要回錢的人，建議盡快清算，最好再無瓜葛。

我是羅伊，我們下次說。

"請客只能買到自己的「爽感」，不能買到對方的「好感」。"

「你可以同時喜歡兩個人，但不要把我算進去」

歡迎來到羅伊說。

「跟他交往以前，他已經喜歡她兩年，只是她早已有了另一半。結果半個月後她回來了，他卻跟我說自己同時喜歡上了兩個人，叫我再給他一點時間。」

其實很多人都會遇到這個問題 —— 最讓人不安的情敵，往往就藏在伴侶心裡。

這時即便他們真的沒有發生關係，甚至純屬單戀沒有過去，但還是很容易會讓人懷疑自己只是個替代品。

接著他很誠懇的對妳說 —— 「我同時喜歡上了兩個人，請給我時間忘掉一個。」

只不過妳不知道最後他忘掉的會是哪一個，妳只能盲目等待結果。

但是人真的能同時喜歡上兩個人嗎 —— 其實可以 —— 如果想要，一

個人可以同時喜歡十個都沒問題。

夫妻的世界中男主就曾說過，他不是故意偷吃，只是陷入了兩段愛情，小三讓他「充滿活力」，老婆讓他「幸福安逸」，而他同時愛上了這兩種不同的感受。

這就說明人的追求其實是可以切割的，當他對現有的愛情不滿足，選擇「補人」往往會比「換人」來得保險。

因為換人意味著他必須放棄「已經擁有」的體驗，可能是習慣，刺激，尊嚴，或虛榮，而新人未必能提供這些感受。

所以此時對他而言，想要同時把「兩個人」或「兩種感受」留在身邊，成本最低的方式 —— 就是說謊。

這就是為什麼我們經常看到一些「超級權貴」，可以光明正大的擁有一、二、三、四、五、六、七、八房，甚至連社會都願意默許這種事情存在。

關鍵還是大家很清楚這樣的成本極高，這些人是付出了「極大的代價」才能同時擁有多種感受。

只是一般人通常沒有這樣的能力，相對來說出軌就變成了「最便宜」的選擇。

不過最後羅伊想說，雖然上面這些事情每天都在發生，但好的愛情也同樣每天都在發生。

所以此時妳可以大方地對他說 —— 你當然可以同時喜歡兩個人，但不要把我算進去。

我是羅伊，我們下次說。

"不好的愛情永遠都有最後一種選擇，就是離開。"

「原諒男友偷吃後，活得更沒有安全感」

短文系列 一

原諒男友偷吃後，活得更沒有安全感

安全感的真實來源，是自己有沒有堅持選擇權。

而這件事恰恰跟長相，財富，條件，家庭背景都沒關係。

只要妳能做到一件很簡單的事情 —— 獨立。

這就像現代人早已不會被薪水綁架，因為離開壞老闆自己也能生活。

所以原諒伴侶不是賭他不會犯第二次錯，

而是下次要有勇氣說走就走。

「對混蛋著迷沒有關係，讓他留在妳的腦中，別留在妳的生活」

歡迎來到羅伊說。

「前任剛交往就劈腿，分手後才知道真相，幾個月後也放下了，可是明知道是他對不起我，但偶爾還是會很想念他，內心真的很矛盾。」

其實很多女生都不明白 —— 為什麼明知道眼前這個人不值得，卻還是遲遲無法對他釋懷。

而由於內心一直找不到答案，接著就會對自己說 —— 應該是我很愛他，否則怎麼會如此著迷。

但事實上，分辨自己的愛是否「盲目」最好的方式，就是問問自己對「這件事」跟「這個人」的了解夠不夠透澈。

因為大多時候，人在搞不清楚一件自己「無法理解」或「無法控制」的事情時，很容易就會把這份情緒歸納成愛。

其實這就像「魔術」表演 —— 魔術師愛的魔術，跟觀眾愛的魔術，是截然不同的兩種魔術。

妳在觀眾席對著舞台雙眼發光，是因為妳根本分不清楚到底發生了什麼，既無法理解「原因」，更無法控制「結果」。

但魔術師站在舞台上充滿激情，是因為他對這一切早已瞭若指掌，甚至連這些手法都是他自己創造出來的。

所以他愛的是魔術的「本質」，而妳愛的是魔術的「效果」 —— 一旦當妳知道這份神奇的背後只是某個道具，可能瞬間就會對它失去興趣。

但愛情其實也是這樣 —— 真正的愛，不應該讓妳很朦朧，而應該讓妳很踏實。

當伴侶深夜沒接電話，沒回訊息，妳內心的小鹿不會到處亂撞，反而是能安心睡去。

此時妳給出的愛，是基於足夠了解 —— 妳愛的是這個人的本質，並不是他帶給妳的效果。

最後羅伊想說，對混蛋著迷沒有關係，把他當成一場魔術就好 —— 因為再壞的人也會有閃光點，妳只是剛好站在面前。

但看完表演後，妳唯一能做的 —— 是讓他留在妳的腦中，別留在妳的生活。

我是羅伊，我們下次說。

"盲目的迷戀是「搞不清楚」，真實的投入是「搞清楚了」。"

「最帥氣的分手不是精心佈局，而是轉身離去」

歡迎來到羅伊說。

「男友到處搞曖昧，說女生都喜歡渣男，還自豪的說自己就是渣男，我猜是他父母離婚造成的，我該以什麼樣的方式分手，才能走的漂亮，讓他後悔。」

其實這是很多人感情被騙後的第一心態 —— 已經不在乎對方值不值得，而是在想如何從這男人身上扳回一成。

有些女生為了「分析對方」，完成自己的「復仇計畫」，甚至願意先繼續交往，或持續跟對方上床。

而這種做法其實是一種「自我療癒」 —— 人在遇到不公平的時候，最先想的都是如何維持自己內心的秩序。

這就是為什麼很多人被騙久了，可能會同情對方，甚至主動替對方辯解，企圖合理化對方欺負自己的行為。

此時她們並非還愛著那個人 —— 而是想挽回自己的生存邏輯。

因為當自己依賴的價值觀被「衝擊」時，想個原因「替他脫罪」，說服自己對方不是故意的，這樣就不會覺得被騙是「傻」，而是富有同情心。

而拯救自己的第二步，就是想個漂亮的方式離開，讓對方後悔，付出點代價。

只不過很多時候，越想漂亮離開 —— 就越離不開。

因為隨著自己的精心佈局，偽裝交往，脫衣上床 —— 這些事情只是繼續在消耗女生的精神成本，時間成本，還有性愛成本。

接著就又會發現「計劃的」永遠趕不上「多付出的」，所以只能再計劃，又再付出，如此惡性循環。

而每當女方以為終於要「贏了」的時候，才發現對方原來根本不在遊戲裡 —— 這場鬼抓人的結果永遠都只抓到自己。

所以最後羅伊想說，人無論以什麼形式失去自己不珍惜的東西，都不會感到後悔。

至於渣男的原生家庭，那是「心理醫生」才該擔心的事情，普通人不如就放心離開讓他自豪下去。

我是羅伊，我們下次說。

"分手不用精心佈局，只要轉身離去。"

chapter

02

「原諒別人是為了原諒自己，原諒自己妳才能放心前行」

「分手復合不是兩個人又在一起，而是兩個不同的人重新在一起」

歡迎來到羅伊說。

「男友跟我分手兩個多月，每天都還是會保持聯絡，也會關心對方。原本以為他只是想冷靜一下，但後來無論我怎麼提出復合，他都毫不猶豫的拒絕我。」

其實羅伊經常被問到這類問題 —— 分手到底該如何求復合？

有時甚至伴侶已經偷吃，自己也願意原諒，但最後無論如何放軟態度，對方就是死活不肯。

此時求復合的那一方通常會很不明白，心想自己都已經願意如此卑微了，對方到底還想要怎麼樣？

而這就是失戀很容易陷入的誤區 —— 妳以為伴侶要的是卑微，但他要的其實是妳不同，而這兩件事的本質完全不一樣。

就像羅伊聽過很棒的一句話 —— 其實分手復合不是兩個人又在一起，而是兩個不同的人重新在一起。

所以如果曾經的伴侶已經徹底死心，但妳又一心想要復合，那妳就只能給出一個完全不同的自己。

也就是某種意義上的「成長」。

這個成長可能是外貌、身材、心智、修養、學識，甚至是財富 —— 總之是一種更高層次的感受，而不是用原本的自己暫時偽裝出對方想要的模樣。

這就像有線耳機的線做得再怎麼細，它也不會是AirPods的道理一樣。

而此時還有另一種人，會想用「時間」的力量來感動對方，說願意等對方幾年，或堅持每天為對方做一件什麼事。

但其實這也是一種思想誤區，因為「時間的本身」是沒有力量的 —— 一個人抱著一顆石頭再久，它也不會變成黃金。

所以最後羅伊想說，「成長的本質」不是盲目付出，也不是耗盡時間，更不是無限卑微 —— 而是成為更好的人。

而在感情求復合的過程當中，如果對方沒有成為一個不同的人，那至少自己要先成為一個不同的人。

因為有時候，一旦當自己變成更好的人，可能也就不會再執著於眼前的復合 —— 那時的妳，已經能放眼看見更好的未來。

我是羅伊，我們下次說。

“同理，伴侶如果就是顆石頭，妳抱再久他也不會變成黃金。”

「都要甩了我，為何還哭得那麼真誠」

歡迎來到羅伊說。

「男友明明已經有了新對象，但當我要搬走時，他卻嚎啕大哭說很捨不得我。我該繼續等他嗎？他是不是還會再回到我身邊呢？」

這位女生一直想不通，為什麼男友看起來還這麼愛自己，但卻依然絕情提出了分手。

其實這是許多伴侶都會遇到的問題 —— 分手時對方總是哭得那麼真誠，讓妳覺得「他還是愛我的」，我們之間還有希望。

但通常真正能等到對方回頭的人，卻又少之又少。

所以那段真誠的哭聲難道是假的嗎？他看起來很捨不得的模樣也是裝的嗎？

說實話，羅伊認為他的「情緒」不是假的，但真實的原因或許不是捨不得妳，而是捨不得那個「單純」的自己。

其實我們每個人都遇過這樣的轉變週期，當我們在「新自己」跟「舊自己」之間轉變時，通常都不太能立刻接受新的自己，有時甚至還會厭惡自己。

"我們渴望探索新世界，卻又放不下內心那個單純的少年。這兩個自己，充滿矛盾，卻又都無比真實。"

所以別說是妳想不通了，這時或許連他自己都想不通 —— 而當他發現自己已經無法壓抑變心的衝動，他才會哭得那麼真誠。

特別是那些第一次要承認自己變心的人，內心總是非常衝突 —— 他很渴望新對象，新生活，卻又覺得自己不應該辜負過去的承諾。

這時他會對自己充滿了罪惡感 —— 而他的眼淚，就是在跟那個「以為永遠不會變心的自己」道別。

其實我們每個人的下一步，都是我們想要變成的樣子 —— 只是我們想要變成的樣子，通常都來得非常隨機。

可能是在某個場合或特定情緒下，遇見了一個人，發生了一件事，甚至只是聽見了一句話。

這都可能會影響我們生命經驗的總和 —— 而我們生命經驗的總和，也就是我們會變成的那個自己。

所以最後羅伊想說，離開妳的人，可能很快會發現妳是最好的，就回來了，也可能會跟現任交往很久，還可能會徹底離開妳跟現任，又去追尋下一個人。

只是這些事情非常隨機，永遠都不會有答案。

而妳唯一能做的 —— 不是成為他心中最好的妳，是成為妳心中最好的自己。

我是羅伊，我們下次說。

"每個人在成為新自己的過程中，都會捨不得那個舊自己。"

「別讓一次婚姻的失誤，蔓延成一生的失敗」

歡迎來到羅伊說。

「妳每天都這麼不開心，為什麼還不離婚？」

「我不想違背當初"神聖"的承諾，我覺得應該要堅持下去。」

三位漂亮的女生朋友來找羅伊聊天，其中兩位已經「離婚」，而另一位最近也陷入了離婚兩難。

其實很多面臨婚姻破滅的女生都會有這種想法，但這真的是很大的誤解 —— 婚姻本身並不神聖，神聖的是兩個人精神一致。

試想一下，婚姻如果神聖，為什麼需要簽約，需要保障，需要法律的約束與制裁。

"妳手上的結婚證書，就是為了防止自己遇到一個不懂神聖的人。"

所以如果一段婚姻真的不開心，也得不到平等的待遇，千萬不要恐懼離婚 —— 因為妳真正恐懼的並不是失敗的婚姻，而是恐懼本身。

妳只是害怕將來每一次的自我介紹，都要提起自己離過婚。然後身邊的同事，朋友，新對象，甚至路人，就會帶著有色的眼鏡看妳。

接著妳這一生都要面臨別人的異樣眼光，無止盡的閒言閒語。

但在這邊羅伊想說 —— 其實妳人生的一次失誤，對別人而言一點都不重要。

想像一下這個場景，有個人對妳提起自己離過婚，妳可能會睜大眼睛，但妳也絕不會花超過 1 分鐘去思考這件事情，因為這遠比妳晚餐要吃什麼還不重要。

其實就連妳的姐妹跟閨蜜，她們一天也不會花超過 3 分鐘緬懷妳的婚姻，因為她們可能連自己的伴侶都要不保。

想想那些明星離婚的頭版新聞，曾經全民關注，評論，甚至憤怒 ——但這些事情現在還有多少人會記得。

美劇「六人行」裡的羅斯離婚三次，最後不還是有了美好的結局。

所以最後羅伊想說，如果一段婚姻真的不開心，千萬不要為了那 1 分鐘的尷尬，而賠上自己的一生。

當妳被自己想像出來的恐懼給綁架 —— 總有一天妳會發現，其實是妳在攔著自己美好的將來。

我是羅伊，我們下次說。

"失誤的婚姻並不可怕，可怕的是妳讓一次的失誤，蔓延成一生的失敗。"

「妳所認為放不下的感情，可能還不如妳的手機」

歡迎來到羅伊說。

「我問他你愛我嗎？他說不知道。我哭著說不要離開我好嗎，他說再看看。我真的好難過，如果可以，我願意用一切換回這份感情。」

一位女生失戀了，整個人失魂落魄 —— 甚至明知道男友變心有了新對象，但還是想要挽回。

其實面對這樣的情況，羅伊認為重要的不是知道「如何復合」，而是學會「如何放下」。

因為大多時候 —— 那個人真的沒有妳「此刻」想得那麼重要。

其實人是很追求慣性的動物，面對一件「被動失去」的事，通常都會很不捨。

羅伊早年因為搬家，因為捨不得熟悉的生活圈，經常會回去原本的地方進行某些特定消費，即便車程要一個小時。

當時羅伊總習慣回去同一家洗車場，因為我一直認為那是我遇過最仔細最乾淨的洗車場。

直到有一天那間舊洗車場倒閉了，我才又在新家周圍找了一間新洗車場 —— 但事實是，新洗車場不但同樣仔細乾淨，價格還便宜了一些。

其實這個世界就是這樣，大多時候我們能獲取的資源，都會跟我們本身的條件自然匹配 —— 洗車場如此，愛情一樣如此。

我在我的經濟能力範圍內，能找到的洗車場，通常都差不多，只是習慣罷了。

妳在妳的綜合條件範圍內，能遇到的男朋友，通常也差不多，還是習慣罷了。

妳只是這次運氣不好，遇到了一個會變心的人，但並不代表妳再也遇不到條件類似的人。

所以妳真正該關注的是，下一次如何在條件類似的男生中，挑選一個善良且不會三心二意的人。

或者妳可以再做個思想實驗，假使妳現在遇到了阿拉丁神燈，說能挽回男友對妳的愛，且不變心，但妳必須拿下面其中一件事情交換 ──

1. 一旦挽回，妳這輩子都不能再買任何一件新衣服，每天都只能穿著同一套衣服出門。

2. 一旦挽回，妳這輩子三餐都只能吃同一種食物，它能保證妳的健康均衡，但味道千年不變，就跟狗糧一樣。

3. 一旦挽回，妳要立刻把智能手機換回功能手機，大家都能聯繫到妳，但這輩子再也不能上網滑 IG。

而上面這三個思想實驗，都是能靠實踐去嘗試的。如果妳真的還是放不下，妳可以挑選其中一項堅持一個月看看。

到那時妳會發現，妳眼中放不下的感情，可能還不如新衣，美食，還有妳的手機。

我是羅伊，我們下次說。

"人生中有很多放不下的事情，但絕不會是一個變了心的人。"

「七年之癢 ── 有時候妳什麼都沒做錯，他就是想去外面看看」

歡迎來到羅伊說。

「跟女友在一起六年，她說想自由去外面闖闖。」

「跟男友在一起六年，他說不知道是否需要新鮮感而提出分手。」

「六年來一直很開心以為會結婚，結果他突然說感情好像只剩習慣，淡了。」

非常巧合，這些讀者跟伴侶交往的時間都是六年 ── 這讓羅伊想起了「七年之癢」理論。

其實很多愛情都是這樣 ── 走到盡頭不是因為有人犯錯，而是因為有人無聊。

這些伴侶之間沒有背叛，關係也很不錯 ── 只是某一天對方突然就說要去外面的世界看看。

而這個問題的本質，就是妳覺得現在的世界很「好」，而伴侶卻覺得

現在的世界很「小」。

妳以為能給對方最好的就是安全，結果對方想要的竟然是去冒險 —— 也就是追求所謂的「新鮮感」。

不過在羅伊心中，「新鮮感」一直都是很正面的詞彙，是人人都在追求的東西，因為誰都不喜歡「一眼就看到結局」的故事。

所以本質上，追求新鮮感並不意味著一定要換人，而是要在對方身上看到「可能性」。

這個「可能性」未必單純是錢，因為錢只是方便買到「可能性」的基礎條件，關鍵還是要豐富生活。

如果一位伴侶非常有錢，但一日三餐都只吃龍蝦，那不出一個月妳就會罹患龍蝦恐懼症。

所以羅伊一直認為，婚姻有七年之癢的真正原因，是早年女性總被約束在家，只有男性才能獲取外界資源。

雖然最初兩人都以為這是一項平等的交換 —— 女人付出「時間」，男人賺取「金錢」 —— 但殊不知男人還額外賺取了「新鮮資訊」。

於是女人每天都會看見一個全新的丈夫，而男人卻每天都只看見同一個妻子。

所以老一輩的餐桌上，經常是男人在講，女人在聽 —— 女性還是習慣從男性身上獲取信息。

不過最後羅伊想說，「七年之癢」這個大時代不平衡造就的結果，其實已經完全不存在於當代社會。

最怕的就是伴侶其實一直在進步，或一直想進步，而另一方卻渾然不知 —— 接著某一天對方突然就會回過頭說，淡了，我想出去走走。

我是羅伊，我們下次說。

"勇敢多去新世界看看，說不定妳會比他更著迷。"

短文系列　一

「如何面對劈腿？」

如何面對劈腿？

劈腿不用面對，只要換一個人配對。

大部分還想面對伴侶劈腿的人，

都是想用和解的方式擺脫受害者的身份，顯得自己不是弱勢。

畢竟任何法律之外的地方，加害者都比較像獲勝的一方。

只不過這種談判跟約定基本上沒有意義，

因為這件事在你們相戀的第一天就做過了。

「自殺到底能不能挽回愛情？」

歡迎來到羅伊說。

「我有憂鬱症，幾天前男友又提了分手，我說要自殺讓他嚐嚐我的痛苦，結果男友說他自己也快被我搞到憂鬱症了。」

這位女生跟男友分手復合了幾次，中間男友壓力很大曾經出軌，但她還是想要繼續交往。

其實很多想用「自殺」挽回伴侶的人都誤解了一件事情 —— 妳以為拼死拼活留下的是「愛情」，但很可能只留下了「恐懼」。

雖然這方式對一些懦弱又害怕承擔責任的人來說會有效，因為留下至少能暫時逃避這個「棘手的問題」。

但妳要知道，這時妳在對方心中變成了一個什麼？一個「問題」。

"而「問題」的特徵就是沒有生命，沒有靈魂，就像一道很難的微積分。"

妳用自己的生命做為賭注，希望對方能重視妳的靈魂，結果卻把自己在對方心中變成了一個「毫無生命可言」的問題。

這道很難的微積分，他現在不會做，他就放著，先繼續跟妳在一起 —— 等到有一天他學會怎麼做了，他就解掉，然後轉身離開。

但當妳用「生命出題」，就相當於妳已經出了一道全世界最難最難的微積分，而如果連這樣的題他都可以解掉了 —— 面對妳，他就真的解套了。

所以真正有吸引力的女生是「一個謎」，不是「一道題」 —— 題總能解，謎才能千變萬化，永無止境。

這也是很多伴侶遇到感情問題時會陷入的誤區，他們總是非常直覺的認為「給對方出個難題」，只要對方解開了，就證明他還愛我。

但其實經歷過小時候被逼著學習的人都知道 —— 強迫學習解題，只會讓他對妳失去興趣。

所以最後羅伊想說，如果妳現在正面臨一個感情疑慮，最好的處理方式，不是增加解題的難度，而是激活問題的生命力。

因為真正能讓人持續愛上的東西 —— 一定都還活得好好的。

我是羅伊，我們下次說。

"憂鬱症內心的痛，不亞於生理的痛，但也總會好起來的。"

「好友搶了我的男友，這種雙重背叛該如何放下」

歡迎來到羅伊說。

「男友是我主管，直到我介紹自己的好朋友進公司……現在他們每天在我面前高調交往，我真的不知道該如何面對這種雙重背叛。」

一位女生被她的男友跟好友同時背叛，前男友是她上司，女生好友是她下屬，即便自己已經交了新男友，但每天要跟他們一起工作，情緒還是很難平復。

其實既然都交了新男友，應該已經走出感情層面的問題，讓人心煩的是每天都必須跟這兩個背叛者交流。

但如果再推向核心一點，真正讓人感到不舒服的 —— 是為什麼這兩個背叛者，看似有了一個好結果。

"因為壞人有了好報，這跟我們心中的價值觀高度不符。"

不過在這邊羅伊想說，如果看清真實情況，他們真的有了好結果嗎？

其實這是很多人會陷入的誤區 —— 我們往往只看見別人「演」出來的那一面，接著就直接被這個「畫面」影響心情。

以上面這個例子來說，妳只是在這八個小時的三人關係中，看似落單。但真實世界是二十四小時的多人關係，並不像妳想像中的那麼狹隘。

所以一旦出了公司，妳有大部分的時間可以喘氣，放鬆情緒，而他們不行。因為背叛妳是他們感情的起點，他們心知肚明。

"他們於妳而言，是視線障礙，妳於他們而言，是心理障礙。"

即便有一天你們不同公司了，但當他們跟家人、跟朋友、跟同事、跟對方、跟自己，聊起他們的相識故事，第一個要提起的，還是妳。

除非他們的感情破滅，否則他們永遠無法擺脫這個背叛事件。

而一旦當妳看清這樣的三方關係，妳就會發現自己才是最有優勢，也是最值得平靜的那個人。

所以最後羅伊想說，背叛者經常是表面風光，內心暗瘡，他們看似贏得短暫的開心，但其實已經輸掉長久的平靜。

而平靜，才是真正值得我們追求的。

我是羅伊，我們下次說。

"壞人的好報往往都只是「看似」，而不是「事實」。"

「無論妳有任何過去，都依然值得被愛」

歡迎來到羅伊說。

「家裡欠債逼我做酒店，我很痛苦，每天都提心吊膽害怕被認出來，也覺得自己很噁心，很對不起未來男友，我想我不敢談戀愛了。」

其實許多受過傷的人都會問羅伊 —— 在經歷過 ××××× 的事情後，我還值得被愛嗎？

首先羅伊想說，所有受傷的人，都一定在能力範圍內盡力保護過自己，只是結果可能不如預期。

這時妳一定要相信總有方法，只是暫時還沒找到 —— 這樣即便再遇上無數挫折，未來也不會埋怨自己沒有盡力。

"因為人最怕的就是不能原諒自己。"

所以如果非要給出一個原諒自己的解藥，那就是妳一直沒有放棄。

有些痛苦跟不好的記憶，或許沒辦法現在立刻結束，但仍然可以盡力讓自己早一個月，早一天，甚至早一小時獲得解脫。

因為但凡只要能早一分鐘 —— 只要這一分鐘是自己爭取來的 —— 妳就已經有了原諒自己的解藥，也就能轉眼期待未來。

再說，愛情跟生活最好的狀態，不是讓「別人」舒服，而是讓「自己」舒服。

所以很多時候人內心的恐懼，都不是真的恐懼，只是自己「想像出來」的恐懼。

會覺得「對不起未來男友」，是妳「預設」沒人能體諒或接受這些過去 —— 但這其實並不是真相，只是妳害怕二度受傷。

這個心理學現象叫「自我實現的預言」 —— 也就是人為了證明自己是對的，會在潛意識中把事情推往壞的方向。

曾有一名受家暴父親影響的女性，就生生把自己「三任」老公的理智線都逼斷，直到對方動手打她為止。

因為她自小受害，總認為所有的男人都會打女人，潛意識就想證明自己是對的，於是她會想盡辦法激怒老公。

所以最後羅伊想說 —— 愛是「一人出一隻手」的黏土遊戲，首先自己不能抱著肯定會搞砸的心情，否則無論伴侶如何努力，也捏不出健康的關係。

我是羅伊，我們下次說。

"沒有任何人不值得被愛，只有人不敢去愛。"

「愛情裡的犧牲跟妥協，界線該如何區分」

短文系列 一

愛情裡的犧牲跟妥協，界線該如何區分

兩個人溺水，把唯一的救生圈給對方，這叫犧牲，驅動力是無奈。

孩子吃肉，母親啃骨頭獲得精神滿足，這叫奉獻，驅動力是信念。

可以忍讓對方，但要從別處獲得補償，這叫妥協，驅動力是公平。

　而愛情裡 99％都是妥協，只不過補償跟預期的經常有落差，

所以覺得自己犧牲了。

「想換人，先分手，騎驢找馬沒好貨」

歡迎來到羅伊說。

「最近認識一個很好的男生，他對我也很有好感，但他就是不願意給我勇氣換掉現任男友，為什麼他就不能再積極主動一點？」

其實這是很多女生經常會想的事 —— 現任男友她們不太喜歡，卻又不想孤單，於是她們期待「先」出現一段新的關係，然後把她們從舊的關係給救出來。

但問題是，當妳的手還牽著舊男友時，新對象其實是沒辦法伸手救妳的。這就是經濟學裡講的「機會成本」。

機會成本並不看重妳「付出」了什麼，而是看重妳「放棄」了什麼。

當妳買了票看電影，其實那張電影票錢不是最重要的，最重要的是妳這兩小時只能待在一間影廳。

而這時妳可能已經放棄了一部，甚至是好幾部更棒的電影。

這就好比妳走進一間餐廳，吃了豬排就吃不了牛排，因為胃就只有一個。如果妳還想吃牛排，妳就只能等胃裡的豬排先消化完。

但如果不分手，妳那塊豬排是消化不完的 —— 當然妳就永遠沒有機會嘗試牛排。

這時可能還有一些女生會說，好男人不是應該要努力追求我，給我勇氣放下手上的豬排嗎 —— 但其實妳說的那不是好男人，那是韓劇裡的男人。

因為現實世界裡的好男人，大概率是不會搶別人女友的 —— 他們要的是妳有能力自己判斷，也只有這樣妳才值得他繼續喜歡。

所以聽到這妳就應該明白，其實無論是時間或精神，如果妳已經花在了現任男友身上，那妳就勢必放棄了別的選項。

而這當中最刺激的電影，跟最刺激的男人，才是妳放棄了的最大代價。

其實也不只是愛情，朋友，事業，理想，家庭，全都是同個道理，我們生活中每時每刻面對的兩難問題，真正考驗的可能都不是怎麼選擇，而是如何放棄。

所以最後羅伊想說，好男人就跟好電影一樣，他們都在「同時上映」，大家都在「搶著享受」。

而如果妳現在親身經歷的這齣戲，真的不太好看，待在裡面滑手機也只是在浪費時間，還不如先勇敢站起來走出戲院。

我是羅伊，我們下次說。

"當妳有能力自己判斷，妳才值得他繼續喜歡。"

「妳真的很好，只是這次戀愛運氣不好」

歡迎來到羅伊說。

「我真不明白，我長相好，身材好，學歷好，家世好，在一起時他想要什麼我都願意，還為了他墮胎兩次，他為什麼還要出軌？」

這就是很多女生錯誤的愛情觀 —— 如果我條件不錯，對男友又很好，男友自然就會很珍惜我。

而如果妳也跟上面這位女生一樣，執著於這個點，那妳就混淆了「相關性」和「因果性」之間的區別。

舉個例子，大數據確實表明，常喝紅酒的人通常都比較健康，因此很多人認為愛喝紅酒有助於身體健康。

但事實真的是這樣嗎 —— 不是。

因為喝紅酒跟身體健康之間只有「相關性」，但那不是「因果性」。

後來就有學者提出，真正的原因可能是經常喝紅酒的人，收入通常都比較好，而收入好的人，就能享有更豐富的醫療資源，所以身體普遍比較健康。

這就像大部分去賭場輸了大錢的人，都是因為先贏了點小錢，接著就混淆了「運氣」和「概率」之間的區別。

但其實愛情跟賭局都一樣，有時輸了，就只是一個隨機的結果。

這無關妳是不是好人，或條件優不優秀 —— 妳可能就只是單純遇到了一個混蛋。

而當妳一直執著在「付出即有回報」這樣看似正確的邏輯上，很容易就會在一段關係中迷失自己，因為妳深信這個大獎遲早要開。

但真實的戀愛就跟喝紅酒的例子一樣，它們之間最多只有相關性，並不存在因果性。

那這時妳可能會問，如果愛情全是相關性，那我們該如何去愛一個人？

難道就沒有因果性的愛情嗎？

至於愛情怎樣才能提高因果性，答案也很簡單 ── 就是遇見一個善良的人。

而這個看似很普通的答案，其實非常困難 ── 因為很多人追尋的對象往往不是善良。

可能是帥，是高，是幽默，是有錢，或是嘴巴甜，善良這個條件的排序通常都落在很後面。

不過羅伊覺得其實這也沒有對錯，因為以貌取人確實很爽。

但如果妳希望自己的愛情能有因果性，那善良，誠實，可靠，就應該是妳的首選條件 ── 假如對方剛好也帥，那妳也要知道只是自己運氣超好。

我是羅伊，我們下次說。

"愛情就像賭局，有時輸了，就只是一個隨機的結果。"

「如果失戀總要好起來，不如就選今天」

歡迎來到羅伊說。

「我失戀了，他說不愛我了……」

一位女生朋友失戀，哭得泣不成聲。

而羅伊當時唯一能為她做的，就是趕緊拉「哭得像鬼的她」一起自拍——因為羅伊知道遲早有一天她會好起來，到時候她就能看到自己當時到底有多傻。

結果不出羅伊所料，五個月後，她又開始一段新的戀情，而且新男友的條件比上一個好太多了。

「對耶，我還跑去找你哭，到底是殺小啦，哈哈哈哈！」——看著自己當時的照片，她忍不住大笑。

但問題是，失戀的痛苦到底從何而來？為什麼新戀情總是可以幫妳走出舊戀情？

"其實這在心理學上這叫「自我認同」，也就是妳給自己的評分好不好。"

而大多時候，這個評分都是透過別人的反饋來驗證，越親密的人比重就越重，所以戀愛時男友對妳的影響就會極大。

當妳在熱戀時，男友玩命的稱讚妳，這時妳就會特別自信迷人。

但這當中真正讓妳感到愉悅的，可能

並不是面前的男友超好，而是男友的行為讓妳覺得自己的分數 100，值得被愛。

反之，當男友對妳提出分手，此時妳內心真正痛苦的，同樣也不是因為面前的他有多好，而是妳以為自己 0 分，不值得被愛。

這就像下雨天妳淋濕了，有把傘出現幫妳擋雨，妳很高興。但後來傘壞了妳很難過，只是因為妳覺得自己又要淋濕了，並不是因為「那把傘有多好」。

而上面這句話中，「雨」，「傘」，「淋濕」，這些事情在妳的生命裡都會不停改變 —— 雨會停，傘會壞，淋濕了也還會乾，但唯一不變的就是「妳」。

所以最後羅伊想說，如果妳現在正經歷一段失戀的痛苦，那並不代表妳是 0 分，因為下一個瘋狂稱讚妳的人總會出現。

這也是為什麼新戀情總能帶妳走出痛苦 —— 因為妳就是妳，誰消失了妳都一樣是妳，值得被愛的那個人，依然是妳。

我是羅伊，我們下次說。

"失戀確實會難過，但妳還是妳，最多只是少了幾句甜言蜜語。"

chapter

03

「既能保守，又能開放，追求自律，享受自由」

「喜歡妳，但不想交女友 ── 妳可能正在提供情人租借的服務」

歡迎來到羅伊說。

「我跟一個男生互有好感，但他跟我說當好朋友太可惜，見到我時總會想要跟我接觸。可是他現在又不想交女友，只能在心裡把我當成女友。」

其實好多女生不明白，為什麼總有一類男生會說喜歡妳，卻又堅持不想交女友。

特別是這類男生中，有一些對妳還真不錯，也挺專一，所有的行為都像情人，唯獨女友這個稱號不能給妳。

其實這樣的情形也不難解釋，簡單來說就是他想享受一種「情人租借」的服務，只是妳不知道自己是這個服務的提供者。

這就有點像寵物租借，承租者的「他」會付出相應的時間成本，金錢成本，甚至感情成本。

"狗狗好可愛，當下也是真心愛牠，牽著的時候就像家人，但歸還回去後就跟自己沒有任何關係，即便死了也不用心痛。"

所以面對妳，他付出的多跟少不是重點 —— 重點是付出要有完全的可控性，且不承擔任何的風險與責任。

在妳身上他只獲取自己想要的那一部分，精神或肉體都有可能，而妳剩餘的一切都與他無關，他也都不要。

今天在妳身上要用多少時間，花多少錢，付出多少感情，他都可以隨心所欲的控制。

但假如某天妳生病了，他同樣可以選擇不照顧妳，且無需承擔任何道德壓力。

"他為妳提供的難過，只在他自己想要的時候。"

當然，在租借的過程中，他還保有完全的權利去探索與追求自己的新對象 —— 而如果新對象出現了，他跟妳談的不是「分手」，而是「退租」。

而許多女生往往很容易被這樣的關係搞迷糊，因為她感受到的那份愛總是那麼「真實」，這時無論好友如何勸說她都不信。

所以最後羅伊想說，給出真實的愛並不困難 —— 難的是要為這份愛承擔責任。

而他的付出也不是為了細心「經營」，只是為了方便「撤離」 —— 因為只要對妳越好，將來就可以越沒有負罪感的退了妳。

我是羅伊，我們下次說。

"喜歡妳但不想交女友，這種話妳聽膩了嗎？"

「金錢可以買來陪伴，但買不到愛情」

歡迎來到羅伊說。

「男友說愛我卻不公開我，連見一面都要用求的，吃飯約會住飯店都我出錢，然後很常生氣就要我送他禮物才會氣消，但我很愛他，想改善這段關係。」

羅伊曾寫過一篇文章「給妳五千萬，妳願意離開現在的伴侶嗎？」，講的是金錢或許可以「買掉」愛情 —— 但這並不代表金錢可以「買到」愛情。

雖然這時有人可能會說，明明很多有錢人身邊的伴侶條件都超好，而且還能一個接一個換不停，似乎只要有錢就永遠都不缺愛情。

但這其實是一個非常大的思想誤區 —— 金錢也許能買到伴侶的時間，樣貌，關注，照顧，甚至忠誠，但這些都不代表買到了愛情。

因為如果一段關係的問題只要「花錢」就能解決，那兩個人之間剩的就是價碼。此時只要有一方不斷出價，自然就能獲得另一方「約束性」的關心或陪伴。

而這個約束性，指的就是對方為了長期維護個人利益，不得不履行自己收費的義務。

但通常羅伊不會把這個稱之為「愛情」，它最多就是個「買賣」 —— 只不過某些有錢人並不介意伴侶的心態，對方完全可以人在心不在。

這就像老闆可以用薪水買下員工的時間自由，但卻永遠買不到精神自由 —— 很多人上班時想的就是晚餐要吃什麼，IG 還沒修圖，快樂週末倒數六小時。

當然這些事老闆其實也都知道，只是他接受了這個「買賣」 —— 面對不願上進的員工，與其抽象的跟他談人生理想，不如實際一點談業務指標。

同理，有些人也會認為與其抽象的談愛情，還不如直接談虛榮指標或興奮的程度。

而這種買賣如果雙方都能接受，那可能也沒什麼對錯 —— 關鍵是千萬別以為自己買到了愛情，因為一旦如此，妳就會付了錢還被員工勒索或綁架。

所以最後羅伊想說，其實人類所有的「時間買賣」都是如此 —— 關鍵是妳介不介意連自己的伴侶也是這樣。

如果妳想要的是愛情，那需要用金錢安撫的人可能不適合妳，如果妳想當老闆，那就別把自己搞得如此卑微。

因為大多時候面對不求上進的員工或伴侶，換了他就是最好的選擇。

我是羅伊，我們下次說。

"錢花了沒關係，但別誤會那是愛情。"

「先試車再交往，勇敢追求自己的性保障」

歡迎來到羅伊說。

「前任的爛床技真的嚇到我了，害我現在很想交往前先試車。但偏偏這個約會對象又特別被動，很擔心自己太主動，之後他會不珍惜我。」

其實很多女生都會困擾 —— 交往前追求「性保障」，很容易就會被誤解成「性開放」。

而會有這樣的想法，是因為大多女性，潛意識中都還存在「男權社會」的陰影。

雖然明知道現在已經正式邁入「男女平權」，但有些從小被植入的錯誤觀念，卻一直如影隨形跟在身邊。

這讓很多人的「思想」是男女平權，但「思考」時卻經常無意識的偏向男權。

因為同樣是先上床再交往，男生或許只會開心，不會擔心，也不會認為給出了性女生就可以不珍惜他 —— 因為男性並不需要承擔任何的受

孕風險。

但女生卻正好與此相反 —— 好像只要上了床，就相當於被對方看完了所有底牌。

因為傳統社會，總把女性的最高價值建立在「確認父子關係」 —— 也就是所謂的處女情節。

所以過去男女之間的博弈，「性」就變成了一條明確的分界線，性之前女性略佔優勢，男性為了求偶通常會放低姿態。

可是一旦求偶成功，就會損害其他男性的競爭意識 —— 而只要沒人競爭，女方的價值就會明顯低落，接著轉由男方來主導這段關係。

不過羅伊想說，現在這個時代，性的價值早就不是單純為了生育，也不存在處女情結，反而是感情重要的調劑品。

特別是由於男女的高潮機制不同 —— 導致一段關係如果「床技不好」，女性要承擔的後果遠大於男性。

而通常這時女生又會掉入第二個「男權陷阱」 —— 不能為了爛床技分手，好像這樣就又是「性氾濫」。

但其實在一段關係中女生想擁有性保障，並不等於性開放或性氾濫，那都只是男權思想的遺毒。

所以最後羅伊想說，在這個男女平權的社會，試車的「車」早就是個中性詞，女性同樣擁有試車且不被輕視的權利。

而如果男方會因此不去珍惜妳 —— 建議可以盡快轉身，旁邊還有好幾台法拉利在等妳。

我是羅伊，我們下次說。

"很多人的「思想」是男女平權，「思考」時卻無意識的偏向男權。"

「承認自己很渣，並不是一種解脫」

歡迎來到羅伊說。

「我知道自己很渣，已經結婚有小孩還偷吃。但交往前她明明也很清楚，現在卻每天要死要活叫我離婚。我一直對她很好，為什麼她還要逼我？」

其實很多人總愛承認自己很壞，很渣，還想玩 —— 好像只要「搶先貶低自己」，似乎就獲得了一種解脫。

"反正我已經承認自己是這樣的人了，世界就沒辦法攻擊我了。"

就像我早就說清楚不想交女友，說清楚自己有老婆 —— 但她如果還是對這段關係認真，陷進去，或誤以為我會改變，那痛苦就是她自找的，與我無關。

所以我沒有欺騙她的感情，只是她不夠好到可以交往而已。

或是我沒有欺騙她的感情，只是早就說好只能當小三而已。

但如果你很清楚她沒有好到可以交往或變成正宮，那為何還要邀請她加入這段關係之中？

這就很像用糖誘惑小孩子比腕力 —— 我早就說過我肯定能贏，是那孩子自己的好勝心作祟硬要玩而已。

但問題是，當你明知道對方只是個孩子，你不該停下來嗎？或當你明知道對方一戀愛就像個孩子，你也不該停下來嗎？

所以很多願意貶低自己的人，其實真正該做的第一件事 —— 就是絕不能承認自己渣。

因為一旦表明，就很容易讓自己躲在「渣」這個詞的背後，然後不停拉低自己的道德底線。

這世上每個人都會犯錯，也可以承認自己犯錯 —— 但「承認錯誤」跟「預支錯誤」是兩件完全不同的事情。

一個是「沒抵抗住誘惑但我會改正」，一個是「我早說過了所以不能跟我計較」。

所以最後羅伊想說，很多人會把承認自己的缺點當成一種解脫 —— 我就是比別人爛，我就是心直口快，我就是不求上進，我就是愛當渣男。

你們這些自願上鉤的人，當然就有義務要包容我的真實 —— 這些人自以為說好的陷阱就不算陷阱。

但事實上你除了騙她，同時還在騙你自己。

因為你跟她都很清楚 —— 她不是不知道前方有陷阱，只是相信你不會真的讓她掉下去。

我是羅伊，我們下次說。

"「承認錯誤」跟「預支錯誤」是兩件完全不同的事情。"

「高潮這檔事，其實真的可以不用麻煩妳」

歡迎來到羅伊說。

「男人忍不住偷吃我能理解，但我親眼見過那個女的，真的醜死了。」

一位非常漂亮的女生跟羅伊說，自己交往多年的男友出軌了。

而她本來就認為男人一時管不住自己很正常，所以想原諒男友，也可以藉此談些條件。

可結果萬萬沒想到 —— 男友只求分手，不求原諒。

但後來認真想想她也覺得算了，一個爛男人沒什麼好眷戀的。

只是這件事最讓她想不通的，是她親眼見過那個女生 —— 非常客觀的說，真是醜死了 —— 真不知道她男友到底是怎麼硬起來的。

事實上這種情形並不少見，有些朋友的外遇對象確實醜得不像話，就連羅伊自己也看不明白。

不過關於「性」這件事，如果妳把射精當成男人的真實需求，那或許跟那個很醜的小三上床，確實比跟妳上床更舒服。

這樣的邏輯其實也並不難懂 —— 性需求本來就不單純是為了高潮，關鍵還是導致高潮的過程。

試想一下，一個身材姣好的帥哥，總以為露出六塊腹肌女生就會瘋掉，上床時連前戲都懶得做 —— 如果妳曾經遇過這樣的人，就會知道那種性愛有多麼無聊。

這就像很多漂亮女生都會誤解，以為自己只要願意脫光躺上床，就已經是個充滿魔力的性感尤物了。

但事實上，當妳像個工具只會脫光，其實只滿足了「功能」，並沒有滿足「情慾」。

簡單來說，「功能」是人的理性需求，而「情慾」是人的感性需求，但只有同時滿足了這兩種需求，妳才會充滿魔力。

聽到這妳應該就要明白，男人如果只想射精，一個充氣娃娃，一個飛機杯，或一隻右手，其實都能輕鬆達成。

但如果性愛真有那麼簡單，這世上就不會存在這麼多的色情經濟。

就像真實故事改編的日劇「AV 帝王」 —— 當主角親眼看見他老婆跟外遇對象上床的過程，才驚覺性的原始需求，不是給一張裸女圖就能解決的。

所以最後羅伊想說，無論妳的臉蛋漂不漂亮，皮膚白不白，身材好不好，這都不是滿足性愛的絕對條件。

特別是在這個科技不停進步的時代，如果妳只剩下「功能」，有一天妳會發現連充氣娃娃都比妳還要「性感」。

我是羅伊，我們下次說。

"在這個 5G 時代，VR 性愛可能很快就來。"

「如何給出性才是值得？」

短文系列 一

如何給出性才是值得？

18 歲想換到承諾。

28 歲想換到未來。

38 歲想換到安穩。

48 歲想換到年輕時沒換到的。

但無論幾歲，建議至少要換到高潮，

因為只有這件事才是真正能確定的。

「性的本身並不珍貴，貴的是妳換給了誰」

歡迎來到羅伊說。

「先有性才有愛是不好的嗎？現在好多同齡人，15，16，17歲的女生，都年紀輕輕就給出了第一次，有時候我會想這麼早好嗎？但好像也不能回頭了。」

不只是年輕女生的第一次，許多人面對第十個性伴侶同樣困惑 —— 只是久而久之，自己也不再去追究為什麼。

因為「性」真正讓人不解的是 —— 明明這是一樣別人都說「很貴」的東西，但自己卻總是「給」的很模糊，甚至在自己心中也「貴」的很模糊。

特別是當有了第一次之後，許多女生會被貼上一張「不能回頭」的標籤，好像接下來的性就都只是「日常」，自己只能貴那麼「一次」。

但事實上，性的價值並不取決於「次數」或「人數」 —— 而是當下躺在身邊的伴侶，是不是妳能參與的市場中「最有潛力」的一個。

簡單來說，如果一個女生回想起自己的第一次，給的人是年輕時尚未成名的周杰倫，那她大概率是不會後悔的。

因為即便最後周杰倫娶了別人，但市場至少「反證」了她當時的「眼光」沒有問題 —— 那一次的「性選擇」在自己心中的評價就會很高。

所以「性」的本身並不珍貴，貴的是當下換給了「誰」 —— 只要選擇的好，女生的「第一次」很有價值，「第一百次」同樣也可以很有價值。

這也是為什麼小姐姐都會說「初夜」要謹慎，此時這些「過來人」真正想要表達的是 —— 沒有經驗的妳，對於自己給出性的「定價策略」可能會有問題。

因為無論是男生或女生 —— 高估自己的人就給不出去，低估自己的人就被佔了便宜，而有些人定價沒有問題，但策略錯誤，於是又被騙了個頭暈。

等到生活慢慢把時間的維度展開，許多人才發現性的價值其實不是「固定」的，而是「比較」出來的，自己曾經錯過了好多有潛力的伴侶。

所以最後羅伊想說，「先有性才有愛」不是不行，關鍵是眼前這個人到底值不值得去愛。

如果值得，先有性最後沒愛到並不會後悔，但如果不值得，即便已經給出了性，至少也要止損自己的青春。

我是羅伊，我們下次說。

"有過性，也未必是一份值得的愛。"

「一夜情的價值 ── 越陌生的人，經常讓自己越真實」

歡迎來到羅伊說。

「說好是一夜情，我以為上過床後就不會聯絡，沒想到一直聊了三個月。他說喜歡跟我聊天，也對我有意思，但因為工作很忙就是不想談戀愛。」

其實很多人都陷入過這樣的關係 ── 明明說好只是一夜情，最後卻以為能變成一段愛情。

這當中還有人會認為眼前這個陌生人，一定是命中注定，否則彼此怎麼能如此坦誠 ── 初次見面就脫下衣服，甚至還願意說出那些沒人知道的秘密。

而最讓人不解的是，每當自己認為一切都如此契合，下一步應該就是「性愛變真愛」的時刻，結果對方卻又無情的拒絕，逃避，或是消失。

這時告白的人就會迷惘，明明雙方已經把「心」跟「衣服」剝開，不接受肯定有特殊原因或苦衷，所以久久無法釋懷。

但其實在現代社會，越來越多的一夜情早就不是為了找「性」，而是身邊沒有人可以抒發「私密的自己」。

當社交網路滲透生活之後，大眾交友圈的「疊區」越來越廣，隱私面一旦外洩很容易就會擴散到每個圈層。

這讓所有人都不敢輕易展現自我 ── 甚至面對自己最親密的人，考慮到分手後生活的重疊，最後都可能還是會有所保留。

而這就是很多人對一夜情存有幻想的誤區 ── 他之所以如此坦誠，不是愛上妳的靈魂，只是因為妳足夠陌生。

他肆無忌憚跟妳抱怨自己討厭的家人，朋友，上司，是他無法逃避還要跟他們相處的事實，但這些人妳全都不認識。

他大膽對妳說出自己遙不可及的夢想，是如果有一天放棄了或沒有達成，妳也不會知道，自然也就沒有機會嘲笑。

所以除了讓人害羞的「性癖好」，對方更需要的可能是一次無後顧之憂的「情緒伸展」—— 當然妳自己可能也是如此，只是當下沒有意識。

而這些「低風險的秘密交換」，很容易會讓人誤以為愛情來了，可是這當中只要有人一旦告白，對方大概率就也會走了。

我是羅伊，我們下次說。

"有時候人的坦誠，只是因為對方足夠陌生。"

「分手期間男友約炮，該原諒他嗎？」

歡迎來到羅伊說。

「跟男友幾個星期前一氣之下分手，復合後才發現這中間他有跟別人約炮，我不知道該不該原諒他？」

一位漂亮女孩充滿疑惑，她說某次在夜店看見男友跟一位陌生女子聊天，於是吵了起來，一氣之下兩人就分手了。

但後來過了幾個星期，就又莫名的復合了。

只不過復合沒多久，她就發現分手的短短三個星期內，男友已經跟夜店那位陌生女子約過炮。

結果她男友說，雖然約炮不是什麼好事，但畢竟那是在分手的狀態下發生的，所以不是背叛或偷吃，希望女方不要介意。

其實這也是很多人面對「伴侶偷吃求復合」會煎熬的原因 —— 真的很難分清對方這次約炮，到底是一次無意的行為，還是預謀的行為。

男友是分手後用「真單身」的心態約炮，之後才無預警的跟妳復合？還是打從一開始就抱著「假分手」的心態去外面野一下？

這個橋段在「六人行」中的羅斯與瑞秋也發生過 —— 但其實永遠都不會有一個答案。

所以妳真正需要弄清楚的，不是男友到底是有心或無意，而是妳「想相信」他是有心還是無意。

因為此時大多人拼命想找出的 —— 其實都不是真相，而是如何支持自己內心的期望。

所以在這邊羅伊提供妳一個思想實驗 —— 假設今天阿拉丁神燈願意送妳一個證據，妳會希望這個證據能證明他有心，還是證明他無意？

如果妳希望這個證據能證明他是無意的，妳就再相信他一次。如果妳希望能證明他是有心的，妳就直接選擇離開。

因為很多女生碰到這種事，她的內心深處是想離開的，只是存有太多顧慮，像是同情、罪惡感、自尊心，或外人的閒言閒語。

這會導致她們分不清真實的想法，總以為自己應該很愛男友，或以為自己想要留下，以至於浪費了大好青春。

其實真正能持久的愛，不是為了搞懂對方，而是為了搞懂妳自己 ——因為在我們搞懂自己以前，都只是在為別人而活。

我是羅伊，我們下次說。

"來回分手又復合的循環，妳搞懂自己了嗎？"

「交友軟體找愛情，能靠譜嗎？」

歡迎來到羅伊說。

「我們在交友軟體上認識，是遠距離，但每天都會講電話傳訊息，接吻上床也都做了，就像情侶一樣，可他始終不願意給我一個女友的身份。」

而每當女方下定決心要離開時，男方又會主動去關心她，於是她就又心軟留下了。

不過留下歸留下 —— 男方還是不給承諾。

其實羅伊一直認為，很多時候一段關係最大的問題，都是出在了彼此的「相識過程」。

就像這位女生，她一直不明白男方明明感覺也很喜歡自己，但為什麼就是不願意正式交往。

其實這也不難理解 —— 因為大多時候「真實的自己」跟「期許的自

己」，還是有一段很大的差距。

在理想世界裡，我們總是警惕自己，不要先入為主，不要以貌取人，不要猜忌懷疑，不要害怕受傷。

但在真實世界中，要做到這些實在太難了。

我們看到別人開名車，第一個想法就是他應該很有錢。我們看到冷豔美女，直覺的反應就是她可能很難親近。

所以當這段關係的開頭是「交友軟體」，兩個人又是遠距離，男生總會不免懷疑自己不在身邊時，女方是不是也會上網認識新的男生。

當然無庸置疑，這樣沒有理由的懷疑確實不對，談感情不該輕易猜忌對方。

但我們絕大多數人的生存方式，都是先拿自己的心態去類比別人的心態 —— 而這考驗的其實是男人去玩交友軟體，有多少初心是為了找到真感情？

如果不是，即便男方真的遇見了一個驚喜，遇見了一個自己也很喜歡的人 —— 但只要一想起自己的初心，他就很難相信自己如此幸運，也很難相信妳。

因為每次當他看著妳的眼睛，瞳孔中就又會倒映出那個一開始只是想「玩一下」的自己。

而這也是為什麼「歡場很難有真愛」的真正原因。

所以最後羅伊想說，一段關係的起頭非常重要，很多時候自己的想法健康未必有用，還得搭配對方的想法也同樣健康。

但如果妳真的因為相識過程被對方懷疑了，其實也不必太過灰心 —— 因為真正讓他猜忌的，可能只是他自己的初心而已。

我是羅伊，我們下次說。

"很多事情開頭錯了，就什麼都錯了。"

「男友手機存一大堆女生照片，他說只是想看，但這樣我很自卑」

短文系列 一

男友手機存一大堆女生照片，他說只是想看，但這樣我很自卑

真實的自信是由內而外的，也不會單純來自美貌。

漂亮的女生男人或許會"看"一輩子，

但真要"過"一輩子，那這個人一定要能跨越時間的限制，

她的美好靠一張照片是紀錄不了的，更別說能存進手機。

而也只有當自信不需要透過外界的反饋證明，它才會真正屬於自己。

此時別人誇不誇妳，都不會讓妳感到"驕傲"或"焦躁"。

「妳要百變，他才不變」

歡迎來到羅伊說。

「剛交往時每個月都會送花，每週都會看電影，每天都會抱我親我，但現在他唯一會的就是打電動，是不是得到後男人就一定會變。」

其實幾乎每個人都有同樣的問題 —— 伴侶交往久了，怎麼跟一開始差這麼多？

說好的浪漫生活，變成了隨便過活，說好的美麗旅行，變成了待在家裡。那些曾經在腦中一起構建的美好未來，現在全都成了超級簡化版。

甚至許多重要節日都已經變成了「刪減版」 —— 毫無「儀式感」直接放棄。

而原因其實也很簡單，因為當時的你們都以為，未來跟這個人做任何事情，應該都會跟此刻一樣開心。

但偏偏人「心理的堅定」，往往跟不上「生理的限制」，任何事情只要喪失了探索慾，就注定會快樂疲乏。

以前他放下手機好好看妳，是他還沒看透妳，以前他不打電動跟妳出去，是妳比電動刺激。

愛情之所以會被比喻成「化學反應」，就是因為結果「不可預期」。

但當跟妳約會，過節，旅行，甚至上床，妳所有的反應他都瞭若指掌時，他就不再有任何驚喜。

此時妳的情敵已經不只是異性，還有手機 APP 千萬個軟體工程師，大家都拼命在爭奪妳伴侶的多巴胺。

當然，這不只是男性會面臨的問題，女性同樣也會快樂疲乏 —— 妳男友可能也早已被妳「破關」。

於是妳不再全妝出門，不再香水滿身，原因就又是一個死循環 —— 妳把自己打扮成仙女，他也不再用仙女的眼神看妳。

所以最後羅伊想說，情侶相處久了，邊際效益很容易越來越低 —— 也就是你們在對方身上花的時間跟精神，收益已經大不如前。

此時妳要知道，愛情最好的狀態就是百變，從內在到外在，從床裡到房外。

平時就要充滿「小驚喜」，節日更該注重「儀式感」 —— 因為只有當一段關係無法預期，才會有無限探索彼此的動力。

我是羅伊，我們下次說。

"伴侶對妳瞭若指掌了嗎？"

「愛的最高表現不是慾望對等，而是慾望約束」

「愛的最高表現不是慾望對等，而是慾望約束」

歡迎來到羅伊說。

「男友說性與愛不同，對我就是想要維持愛，自己想要去外面找性快感，還說只要我還愛他，也同意我去外面找性快感，我真的不懂這是什麼想法。」

其實很多伴侶交往久了都會面臨這種道德掙扎 —— 當自己再也無法為對方約束內心的慾望，就開始跟對方談「慾望對等」。

甚至還有人從交往前就會替自己的慾望談判 —— 我想要時間自由，妳也可以 / 我想要金錢自由，妳也可以 / 我想要性愛自由，同樣妳也可以。

因為此時無論伴侶同不同意，自己都可以用「這很平等」四個字去規避內心的道德壓力，接下來就只剩如何說服對方，讓自己的慾望獲得釋放。

而這當中狡猾一點的人，甚至已經算準伴侶對「時間的慾望」或「性的慾望」是匱乏的，即便條件開放了自己也不會有任何損失。

所以此時伴侶會不會真的濫用這些慾望並不是重點 —— 重點是這樣就沒有人可以譴責自己。

而通常這樣的談判過程，只要在慾望外面裹上一層「愛」的糖衣，就又更容易模糊焦點 —— 特別強調愛不變質，目的就是想讓伴侶看不清事情的本質。

其實這也是很多戀人會有的誤區 —— 愛的體現從來都不在「慾望對等」，而是在「慾望約束」。

因為這世上所有的伴侶都一樣，無論適不適合，真不真心，愛不愛對方，只要「不避諱慾望」的結果就是「放肆」。

如果每個人的慾望都可以「無限延展」 —— 再有錢的人，也不會有物質公平，再有時間的人，也不會有陪伴公平，再大方的性關係，也不會有高潮公平。

而當伴侶彼此都在追逐個人的慾望，接下來就會是「慾望的比較」與「慾望的交換」，跟著這段關係總會有失衡的一天。

所以最後羅伊想說，伴侶之間的平等關係，從來都不是「開放」來的，而是「收斂」來的 —— 這也就是我們經常說的「尊重」。

如果每當自己想要什麼，就讓伴侶也要，那最後的結果就是什麼都要不起了。

我是羅伊，我們下次說。

"好的關係不是「開放」來的，而是「收斂」來的。"

chapter

04

「成長不是放棄單純，而是能接受一個更複雜的自己」

「成年後有一種社交方式，叫喝酒」

歡迎來到羅伊說。

「男友因為工作，廠商邀他去酒店，還要他非去不可。雖然這次他最後沒去，但未來如果持續發生這種情況，我應該要體諒他去應酬嗎？」

其實幾乎所有人都意識到了這件事情 —— 成年後有一種社交方式，叫喝酒。

自從進入社會後，生活中經常會出現「酒局」 —— 兄弟生日的酒局，閨蜜失戀的酒局，工作業務的酒局，甚至連第一次認識個新朋友還是酒局。

男友去酒店可能會亂來，是真的，但男友去酒店跟客戶應酬，也可能是真的。

關鍵是喝酒好像有一種「神奇魔力」，能讓人與人之間迅速熟絡起來，比較容易達成共識。

而這當中最主要的原因，是喝酒傷身要付出的「沉沒成本」無法回收，

所以當男友願意為了客戶傷身，生意確實更容易談成。

所以很多場合都會有人說「自罰」三杯 —— 其實潛台詞就是為了證明彼此的交情，我願意「自殘」三杯。

未來如果沒有好好珍惜你這位客戶，這個朋友，這些「自殘的成本」我是收不回來的。

而此時如果是「酒店＋喝酒」，那就更容易讓人相信了 —— 因為男友要付出的成本已經不只是傷身，還要跟女友「傷感情」。

這也是為什麼如果所有的「酒局」妳都沒去，姐妹的交情慢慢也就會被別人取代。

當某人願意為了自己熬夜上班，喝到爛醉，重友輕色，這都是最簡單證明對方有付出成本的方式。

此時千萬別瞧不起「酒肉朋友」的感情 —— 這些人對彼此未必有貢獻，但肯定有犧牲。

所以最後羅伊想說，其實成年後的交友方式有一套自己的潛規則。

兄弟生日你送的禮物他自己就買得起，不如到夜店錢櫃一起開心。閨蜜失戀她也明白妳要說的道理，但那還不如妳陪她醉到天明。

所以羅伊很難否認男人要去酒店應酬的事實，但至於在酒店都幹了什麼那又是另一回事。

我是羅伊，我們下次說。

"酒肉朋友對彼此未必有貢獻，但肯定有犧牲。"

「長大後發現，有些友情再不捨，也會走散」

歡迎來到羅伊說。

「有位朋友自我合理化傷害了身邊每一個人，無論是她愛的或愛她的都一樣，直到大家受不了種種心機而疏遠她，她卻覺得大家是故意的。」

其實這是每個人都會遇到的問題 —— 長大後總會發現，年輕時掏心掏肺，患難與共，甚至每天都膩在一起的朋友，某天竟然就這樣走散了。

關鍵是過程中無論自己如何盡力挽回，好言相勸，犧牲原諒，最終的結果也不會改變。

很多明明顯而易見的事情 —— 說了她也不聽，聽了她也不信，信了她也不改。

原來過去你們的情投意合，都只是一個被環境「硬約束」的結果。

年輕時你們的作息差不多，學識差不多，朋友差不多，消費能力差不多，甚至連每天的生活路徑都差不多。

而這樣的侷限，很容易就會讓妳以為你們的思想差不多，品味差不多，喜歡的事物差不多，就連追求的夢想也差不多。

直到這個世界不再約束妳 —— 也不再約束你們。

這就是為什麼很多兄弟，閨蜜，還有伴侶堅固的感情 —— 不怕出生入死，就怕獲得自由。

最常見的就是這些人只要有一方出國留學，或去外地工作，再回來很容易就會形同陌路。

此時妳心中的理所當然，跟對方的理所當然 —— 已經完全是「兩種」當然。

接著妳慢慢就會發現，其實勸人真的不需要太久，一、兩次沒有結果就可以算了 —— 因為大多時候對方不是「聽不懂」，而是「不願意」。

所以最後羅伊想說，人生無論是友情，愛情，甚至是親情，最終都有走散的可能。

許多讓妳不可思議的荒誕行為，其實只是對方長久以來「固化」的生存之道。

妳覺得抽菸不能緩解焦慮，但她覺得可以，妳認為好朋友不該耍心機，但這樣獲取關係她才安心。

而此時妳也不必太糾結過去的感情 —— 因為不是她變了，只是自由釋放了彼此原本的樣子。

我是羅伊，我們下次說。

"當世界不再約束你們的友情，你們還會走在一起嗎？"

「給妳五千萬，妳願意跟現在的伴侶分開嗎？」

歡迎來到羅伊說。

「如果給你五千萬現金，你願意跟自己現在的伴侶分開嗎？」—— 這是羅伊在一個徵選中抽到的問題。

其實上面這個問題，數字不是重點，而是問愛情是否無價？

而羅伊當下的答案也很簡單 —— 我知道只要這個金額不停的往上加，總有一個價碼我會願意。

聽到這裡妳可能會覺得不可思議，甚至有些生氣，那羅伊跟妳講一個真實故事。

曾經有位富二代在夜店想請一位女生喝酒，但那女生不太願意，說自己從不跟陌生人喝酒。

於是他對那女生說，我們來玩個遊戲，只要喝完一個 shot，就可以拿走桌上所有的現金。

跟著這位富二代就開始往桌上放錢，從一萬塊一路加到了十五萬 —— 最終那個年輕漂亮的女生果然還是把酒喝了。

當時羅伊就問他，你一定很有把握那女生最後會喝吧？結果他的答案出乎羅伊預料 —— 他說其實沒把握。

但他知道所有的博弈關係最終一定會出現一個數字，而這個數字可能是那女生願意喝下酒的數字，但也可能是「他願意丟臉不再加價」的數字。

所以總會有個數字女生願意喝，也會有個數字男生願意停 —— 這世上99.9％的東西，必定都有一個價碼。

因為在金錢的博弈關係中，沒有分尊卑貴賤，窮人有個價碼，有錢人同樣也有個價碼。

但這時妳可能還是會說「錢夠用」就好了，我才不會為了更多錢離開伴侶，愛終究是無價的。

其實上面這句話已經暗藏了一個價碼，就是妳所謂「夠用的錢」 —— 也就是因為妳已經有了吃飽喝足的經濟基礎，所以才會選擇不為所動。

其實這就是馬斯洛五層次需求理論的第一層 —— 人最初要滿足的一定是物質需求。

如果今天一個女生連飯都吃不飽，身邊還帶著兩個孩子，丈夫完全沒有賺錢謀生的能力。

這時突然有個富二代出現，說只要妳願意跟伴侶分開，五千萬立刻到帳，我想一個正常人是不會拒絕的。

所以最後羅伊想說，愛情並不無價，追求自己想要的生活也不丟臉。如果妳對現在的伴侶並不滿意，換了他，別害怕。

我是羅伊，我們下次說。

"說會選愛情不選麵包的人，一定嘴裡已經叼著麵包。"

「異性閨蜜不能跨越的三條原則」

歡迎來到羅伊說。

「男友有一個很好的女生朋友,在我之前就認識了,我很不喜歡。男友答應不跟她單獨出去,直到最近他們三個朋友一起約吃飯,我就爆炸了。」

一直以來羅伊經常收到這個問題,異性之間真的有閨蜜嗎 —— 其實羅伊認為「有」。

但無論他們叫對方「閨蜜」,「兄弟」,或「靈魂伴侶」,羅伊也認為有三條不能跨越的邊界。

1. 聊心事,但不談私事。

2. 能擁抱,但不會牽手。

3. 說愛你,但不叫寶貝。

下面羅伊一條一條解釋。

首先,聊心事,但不談私事。

所謂的聊心事,就是指生活中面臨的選擇或困惑,例如換工作、搬家、跟朋友吵架,甚至是失戀。

但很多隱私除了面對伴侶,內在最深層的感受其實是很難說出口的。特別是自己軟弱,黑暗,害羞的部分,一般都會選擇保留。

他們聊天無論多麼激昂,都不會把心掏出來給對方看仔細 —— 也就是談話的「廣度」可以無限,但「深度」

總會有限。

再來，能擁抱，但不會牽手。

肢體接觸總是讓人非常介意 —— 而羅伊認為有沒有隔著一層外衣是最好的判斷標準。

其實肌膚是很私密的地方，所以一般都不隨便讓別人觸碰。即便是每天暴露在外的手掌，握手最多也就一、兩秒鐘，超過就會很不舒適。

所以像是牽手，摸頭，捏臉，這類的肌膚接觸，能做出來通常都伴隨著「可發展」的好感。

最後，說愛你，但不叫寶貝。

其實這是最常發生的，他們的對話訊息，經常出現讓人懷疑的親密用語。而羅伊的標準是 —— 可以親密，但不能有親密的稱謂。

也就是能多元解釋的大眾用語可以出現，例如愛妳，妳最美，妳超懂我，這類的話其實問題不大。

但像寶貝，小情人，或特別為對方取的暱稱，這些可能都意味著他們對彼此關係的不滿足，所以想給出一些特殊稱謂作為「心理補償」。

所以最後羅伊想說，異性之間不是不能有純友誼，但總會有一些清晰的邊界。而一旦跨越這些邊界，接下來的事就很難說了。

我是羅伊，我們下次說。

"妳的伴侶能有異性 soul mate 嗎？"

「未來女生不求漂亮，只求身材極棒，因為臉比較好弄」

歡迎來到羅伊說。

「今天產檢醫生說是個女生，她可以不用太漂亮，但皮膚要好，身材要棒，因為臉比較好弄。我自己以前就是背影殺手，但現在整到超美。」

其實隨著科技與醫學的飛速發展，不只很多行業發生巨變，就連某些固化已久的「價值觀」也都在改變。

從前人們討論外型，男生「帥」女生「美」應該是第一標準，因為胖瘦可以靠後天努力維持，靠穿衣審美修飾，但長相幾乎無法改動。

不過隨著醫美滲透大眾，市場競爭讓整形的「技術」越來越好，「產品」越來越新，「價格」還越來越低。

此時許多人的「身材優勢」就明顯被體現出來 —— 因為相對來說「臉」比較好弄。

特別是在人類脫離了「生存需求」，正式邁入「體驗需求」之後，吃東西早就不是為了「飽」，而是為了「爽」。

這時維持胖瘦何止要靠努力，簡直是要人拼命 —— 而即便控制好了體重，但身高，骨架，膚質，髮量，大多也還是個無解之題。

所以如果真的要替自己「未來的女兒」許個願 —— 「漂亮」或「身材棒」可能已經很難抉擇。

再說過去整形除了「經濟負擔」，最難克服的其實是「心理負擔」，因為大家都不想被說成「整妹」，好像不天然就會被人歧視。

但如今「微調臉部」已經非常普及 —— 霧眉，繡唇，除斑，去皺，填溝 —— 早就很難分辨什麼是整形美，什麼是天然美。

這就讓「小動」跟「大動」的外界觀感沒什麼區別，心理負擔幾乎為「0」，就連許多「明星」與「KOL」，也都大方公開自己的整形史。

所以最後羅伊想說，天然美女當然很好，但如果沒有天生美的「運

氣」，誰都有追求美的「權利」。

更重要的是 —— 其實世界的價值觀總是不停在變，每個人身上的「天然優勢」也都會隨之改變。

這就是人人都能拿出自信的年代 —— 說不定妳以為自己「平凡」的條件，明天就會成為注目的「焦點」。

我是羅伊，我們下次說。

"每個人的平凡，都有可能變成優點。"

「憑什麼偷吃的男友跟小三可以過上他們想要的人生？」

短文系列　一

憑什麼偷吃的男友跟小三可以過上他們想要的人生？

背叛者會面臨的正義，通常不是大快人心的制裁，而是內在的無知。

當這些人的感情遇到快樂瓶頸，偷吃已經是他們智慧的上限。

這就像小孩子喜歡喝糖水，成年人喜歡喝咖啡，

不願意苦盡甘來的愛情，這輩子都嚐不到更有層次的甜味。

「快樂不是本能，而是技能」

歡迎來到羅伊說。

「出社會工作三年，有穩定的交往對象，也會跟姐妹們去瘋去玩，但生活也就這樣，好像越來越無聊，所有的快樂都好不真實。」

其實絕大部分人內心都有這個疑問 —— 我真的快樂嗎？

特別是一旦踏進社會，快樂似乎注定就會面臨「停滯期」，這時即便你的體驗不斷遞增，但笑容總是不斷遞減。

明明「成年前」想擁有的自由已經全都給了妳 —— 戀愛自由，生活自由，娛樂自由 —— 反而卻越來越難獲得快樂自由。

而只要面臨「快樂麻痺」，許多人的第一選擇就是對「同一種愉悅」加大投入，去吃更貴的餐廳，買更大牌的包，喝更高級的酒。

接著妳就會發現自己總是為快樂「重複買單」 —— 美食，購物，酒吧，同樣的事情反覆循環，效果當然只會越來越低。

以前只要花一千塊就能買到的快樂，慢慢變成了一千五，兩千，三千，五千，直到「收入」再也跟不上「麻痺」的速度。

這時邊際效益就會趨向於「0」 —— 快樂的「代價」貴得要命。

而這個問題的關鍵，還是大部分人都把「參考座標」放錯對象，總是不斷看別人獲取快樂的方式，所以「窄化」了自己快樂的通道。

雖然這時妳可能會說「不對啊，別人真的都是這樣獲得快樂的」 —— 但事實上是 —— 「她們也以為」妳是這樣買到快樂的。

妳以為自己 follow 的對象是她，殊不知她 follow 的對象其實是妳，大家早已分不清楚快樂到底是雞生蛋還是蛋生雞。

不過說到這，羅伊並不否定消費愉悅，那畢竟是我們最直接的快樂通道 —— 名包，名錶，名車，這些東西確實讓人很爽。

但當消費型愉悅的邊際效益越來越低，其實降低快樂成本最好的方式，就是直接換個追求跑道。

因為快樂從來都不是一種本能，而是多種技能 —— 如果懂吃，懂買，懂喝酒，都已經不再能滿足妳，那妳可以試著懂點別的。

例如看書。

我是羅伊，我們下次說。

"妳跨越快樂的「停滯期」了嗎？"

「妳買的不是奢侈品，而是青春該有的樣子」

歡迎來到羅伊說。

「男友是個很節儉的人，我們在一起幾乎沒有奢侈消費。但最近我要28歲生日了，真的很想買一個香奈兒送給自己，他卻說我這樣很浪費。」

其實很多人都誤解了「錢」的意義 —— 人生最重要的不是錢，而是錢能換取的感受。

而這些感受的「總和」，也就代表了妳自己。

一直以來網路上有很多批評奢侈品的文章，說這些商人都在獲取暴利，一個包包成本明明只要幾千塊，卻要賣妳幾萬或幾十萬。

但其實這些人可能不懂奢侈品 —— 女生買的根本不是包，而是一種生活的美好。

以前妳想追求自信、品味、優雅、個性，這些事情全都很「抽象」——直到奢侈品的出現。

香奈兒之所以可以這麼貴，就是它把這些無形的美好「實體化」，讓妳可以用一個「明確的價格」擁有，這也是我們經常說的品牌價值。

所以現在妳只需要走進百貨公司，架上就放滿了各式各樣不同的感受，妳想如何表達自己，都可以直接付錢把它帶走。

當然這時還會有人說應該要多看未來，年輕時就該學會「延遲」滿足，其實這也沒錯 —— 但偏偏生活中有些事情，延遲滿足的結果就是「不能」滿足。

曾經有一位對自己小胸部很困擾的女生跟羅伊說，她想隆乳，又想存錢，內心非常糾結。

當時羅伊就對她說，妳現在20歲，確實應該好好存錢，問題是等到50歲才有一對大胸部還有任何意義嗎？

其實不只是奢侈品，像是出國留學，整形，極限運動，生活中還有很

多體驗只要過了青春，就無法感受那種美好。

所以最後羅伊想說 —— 很多追求不是奢侈，而是青春該有的樣子。

只要妳很清楚自己不是衝動消費，不是跟風喜歡，妳都該努力在年輕時趕緊實現它。

畢竟每個人的「青春」，都是最經不起自己「怠慢」的客人。

我是羅伊，我們下次說。

"生活中有很多體驗，只有青春才能感受那份美好。"

「無價的愛情是殉情，餓死的愛情是不會被寫成故事的」

歡迎來到羅伊說。

「男人沒錢沒關係，有才華，有心，比較重要，我最鄙視那些現實的人。」

這位漂亮女生25歲生日時，拿著男友親手寫的卡片，到處跟朋友炫耀。

但在31歲那年，因為生日禮物又收到了第七張手寫卡片，她終於決定跟當時失業半年美術系的男友分手。

後來羅伊問她，妳不是說愛情無價嗎？

結果她說自己現在才明白浪漫愛情故事的意義 —— 真正無價的愛情是殉情，餓死的愛情是不會被寫成故事的。

這位女生雖然自己很能賺錢，但分手時她只對男友說了這句話 —— 兩個人的未來，是不可能靠一個人構建出來的。

而這就是羅伊經常講的，這世上唯一無價的東西 —— 是青春。

其實我們一定要明白，女生跟男生最大的差異，就是價值彰顯的週期

不同。

女生價值彰顯的週期較早，而男生的較晚。所以我們經常看到很多伴侶，女方隨便就小男方十幾歲，甚至更多。

原因其實很簡單，就是這時女生處於價值的高峰期，同齡的男生往往無法與她匹配，所以條件更好的中年男性，在競爭的過程中就更容易勝出。

"但這恰恰並不是現實 —— 而是真實。"

因為一旦當女生錯過年齡的高峰期，她的價值就會開始衰退，接著她能找到的伴侶的條件，也會逐漸開始下降。

所以這時她最理性的選擇，就是選擇一個綜合條件最好的伴侶，即便對方的年紀比自己大許多。

雖然在現代社會，女生的內在價值早已成為伴侶交往的重要指標，但女生某些先天性的條件，例如生育能力，是無法用綜合條件去彌補的。

所以很多 20 歲的女生以為自己要的是穩定，到了 30 歲才發現 —— 女生要的不是穩定，而是穩定的成長。

所以最後羅伊想說，愛情不是不值得等待，但不能永無止盡。

如果有一天妳發現妳的伴侶停滯了，我想妳也該大方的對他說出那句話 —— 兩個人的未來，是不可能靠一個人構建出來的。

我是羅伊，我們下次說。

"妳的愛情，停滯了嗎？"

「當不當網美，妳都該學會拍照」

歡迎來到羅伊說。

「男友在 IG 上 follow 了一堆網美，每天都在看這些女生的照片，有的還會點讚收藏，真的讓我很不爽，但他說又沒幹嘛，連看看都不行嗎。」

其實現在已經正式進入「圖像溝通」的時代 —— 所以無論妳當不當網美，都應該學會拍照。

以前我們想認識一個人，只能透過文字或語言，這樣的信息來源非常短缺，了解人要花很多時間。

但自從拍照的成本趨向於「0」後，已經放大了人與人溝通的效率，一張照片能提供的「信息量」，早就超過妳的想像。

所以妳男友看的根本不是「美女」或「大胸部」，那些東西色情網站上「高清＋無碼」還滑不到底。

他真正看的是那些女生的「生活狀態」 —— 從妝容到膚色，從休閒到閱歷，從餐廳喜好到出國旅行，從外衣品味到內衣審美。

雖然很多人會諷刺網美「P 圖」或「圖文不符」，許多女生也不理解，為什麼明知道照片有後製，但男生還是這麼愛看。

其實原因也很簡單，就像明知韓劇是假的，女生還是愛看一樣 —— 很多時後我們內心嚮往的畫面，連自己都不知道，直到滑到了某張照片。

所以妳在網路上發佈的信息，早已經成為自己的關鍵標籤。

而這個標籤並不只是要給男友看 —— 還有同事，老闆，合作夥伴，或是妳的「下任」男友。

但如果妳的照片「空白」或「擺爛」，在這個時間稀缺的時代，大家都會很難了解妳。

此時別人不是給妳亂貼標籤，就是直接把妳略過 —— 原本妳能匹配的人際關係就會因此「降級」。

而這也是為什麼很多女生長期戀愛分手後，就很難再找到好對象 ——
因為如果平時沒有經營自己，一個好男生想重新了解妳的時間成本實
在太高。

所以最後羅伊想說，拍好照片不只是為了點讚，更是為了與世界溝通。

等到妳學會用照片說話，能用圖像觸擊人心，在這個無邊無際的網路
時代，人生自然也就有了無限可能。

我是羅伊，我們下次說。

"在這個網路時代，照片就是溝通效率最高的方式。"

「如果成長是要忘記純真跟快樂，那還真的不想長大」

短文系列　一

如果成長是要忘記純真跟快樂，那還真的不想長大

羅伊買過名牌背包送給姪女，結果她不喜歡，說想要夜市 Dora 款。

這就是為什麼青春容易快樂，因為追求喜好的代價通常很小。

小時候金錢、興趣、人際關係，這三者只要有一樣就能開心。

長大後即便這些全都有了，卻又想要擁有愛情，夢想，社會地位。

所以成長的真諦並不是放棄單純，而是能接受一個更複雜的自己。

「妳不用先有理想，妳可以先有錢」

歡迎來到羅伊說。

「25 歲還在迷茫，看著身邊的網紅朋友很賺錢，不知不覺也訂下一個月賺 15 萬的目標，但男友總說學別人沒用，要先有自己的理想才有可能賺到錢。」

其實出社會後，大部分人給自己設定的第一個目標，都不是「具體」的理想或事情，而是選擇直接面向結果 —— 「要賺很多錢」。

特別是當曾經「同個階層」的朋友開始買車，買房，買錶，買包，這都會讓自己的內心焦躁起來，好像再不衝一把就會被踩在社會的底層。

只不過每當自己想著拼命賺錢，腦海中能迅速浮現的卻又都是別人成功的案例。

接著有些人就會掉入一個「不能模仿的陷阱」 —— 好像只要模仿別人就會顯得自己不夠高級。

這其實是因為我們從小的教育，都說人要把「理想」擺在最前面，不要被世俗標準化，好像每個人都必須活得「獨一無二」。

於是錢跟理想就變成了「雞生蛋或蛋生雞」的人生難題 —— 大家都說要靠理想賺錢，但在真實世界裡沒有錢似乎也談不上理想。

而這也是很多人會有的思想誤區 —— 錢跟理想其實並不衝突，衝突的是很多人認為理想必須替自己帶來財富。

因為當一個人想靠理想賺錢，就意味著必須考慮市場，而一旦考慮市場，最初的理想注定就會變形。

所以這世上看似靠理想賺到錢的人，做的可能都不是真正的理想，他們只是沒有公開心底的秘密。

當然這樣的思想還有第二個誤區 —— 只要先擁有理想中的錢，就能實現理想中的人生。

但事實上「錢」跟「理想」一直都是兩種獨立的追求，想兩邊都有就

必須付出兩份努力 —— 只有偷懶的人才會把這兩件事混為一談。

所有最後羅伊想說，「財富的愉悅」跟「理想的愉悅」是兩種不同的愉悅，妳可以只選擇一種，也可以兩種都要，關鍵是別想把它們「綁定」。

而為了生活，大多人只能每晚睡前「提醒自己」不要忘記理想，每天睡醒「督促自己」趕緊賺錢 —— 這就是人生的真實狀態。

我是羅伊，我們下次說。

"偷懶的人才會把「錢」跟「理想」混為一談。"

「我活成了曾經討厭的人，但卻挺喜歡現在的自己」

歡迎來到羅伊說。

「以前最討厭現實的人，什麼苦都不怕，就算淋雨看男友打籃球都很滿足。但六年過去了，他還是只會打球，我卻很反感，我是不是也變成了現實的人？」

其實這幾乎是每個人生命的必經過程 —— 總有一天我們會活成自己討厭的人，但卻挺喜歡現在的自己。

過去最討厭勢利的人，現在特別願意多認識一些有勢有利的人。

過去最討厭說謊的人，現在大多時候都知道不能輕易說出實話。

過去最討厭無情的人，現在明白有些感情忍痛都要放下，因為前面還有「更值得」的人正在等妳。

雖然這些轉變最初內心還是會很掙扎，但不知道從哪一天起，這些選擇變成了心之嚮往，甚至理所當然。

而每當這時再回憶起年輕的自己 —— 才發現當時的勇敢值得「口頭獎勵」，但卻贏不到「真實回報」。

接著鏡子前的自己不只年紀變了，慢慢的就連「興趣」，「審美」，「心態」，「追求」，「價值觀」，甚至是「眼神」也全都變了。

後來內心終於明白 —— 原來有勢有利的人通常都特別努力，值得接近跟學習。隨便說出實話的人可能只是貪圖自己心裡輕鬆，有時比謊言更加鋒利。

至於選擇伴侶 —— 其實愛只是「無形」，但不是「無限」，既然內心的資源有限，何不把精力留給更好的人。

於是這一天還是來了，我們終於活成了曾經討厭的人，但卻挺喜歡現在的自己。

最後羅伊想說，許多人的「憤世忌俗」不是不想要，而是得不到 —— 如果可以，其實誰都想要成為「世俗標準」的贏家。

關鍵是現在很多自己得不到的人，會故意把「成功」跟「卑鄙」綁定，好像只要有「現實的追求」就很俗氣 —— 當這些人已經騙了自己，也就想一起騙妳。

但事實上 —— 上流世界並不上流，但也不下流。

只要不傷害別人，成功可以就只是一場「普通的成功」而已。

我是羅伊，我們下次說。

"妳活成了自己曾經討厭的人嗎？"

chapter

05

「對的定義是真誠善良，剩下的不對都能商量」

「為何爛男友總能團滅好男人」

歡迎來到羅伊說。

「我不是沒人追，我只是念舊情，所以每到最後我還是會選擇現任男友，即便我明白男友的條件爛透了。」

其實大部分女人離不開爛男友的真正原因 —— 根本不是因為念舊情，只是因為「轉換成本」太高。

這就像羅伊的手機是 Samsung 的，經常會有人問為什麼不換 Apple 的？你難道不知道 iPhone 有多好嗎？

事實上羅伊當然知道 iPhone 的強大。

但我的無線耳機、智能手錶、充電裝置，所有資料備份的位置，還有已經用了超過十年的 Android 系統，全部都是 Samsung 的。

其實別說是換成 Apple，就算換成同樣是 Android 系統的 LG 我可能都會很不適應。

所以手機換廠牌這件事情，對羅伊而言的「轉換成本」實在太高，於是每到緊要關頭我就會打退堂鼓，最後又乖乖的留在 Samsung 身邊。

"而大多時候真正讓女人留在爛男友身邊的，也不是感情，而是慣性。"

我已經知道兩人吵架什麼時候能講話，什麼時候該閉嘴。

我已經知道對方油條可以單獨吃，但不能包在飯糰裡。

我已經知道一起洗澡的順序，怎麼才不會打結。

我已經知道笑話要怎麼講，什麼幽默能撩開對方。

我已經知道出門要帶牙線，或即便忘了對方也會帶著。

而這些默契都是用長時間換來的，往往已經不是「單一時間節點的好條件」可以取代。

所以每當跟一個人相處越久，換伴侶要付出的「轉換成本」就越大。

有時候要重新適應一個新伴侶的過程，光想就很讓人反胃，而這也直接導致了很多人不願意改變。

不過上面這些例子還算甜蜜，真的換不掉男友也就罷了 —— 但恐怖的例子其實也不少，互相折磨起來更是驚人。

這也是為什麼有些女生遭遇慣性偷吃，甚至家暴，卻都還是離不開的真正原因。

"我不知道下個男人會不會打我，但知道如何不被現在的男人打 —— 這可能就是她們內心的真實想法。"

不過最後羅伊想說，人的適應能力其實非常強大，有時候改變真的沒這麼難。

我們從小學，換到國中，再到高中，又到大學，最後出了社會，這每一次環境的改變都給我們帶來過巨大的恐懼。

但事實上，這每一次改變的最後，我們總是又發現了新的世界，也露出了更燦爛的笑容。

所以如果妳正在糾結不敢改變，那妳要記住這句話 —— 種一棵樹最好的時間是十年前，第二好的時間就是現在。

我是羅伊，我們下次說。

"愛情不是手機，只要不值得，轉換成本再高也要勇敢跨出去。"

「沒有不開心，也沒有開心 ——

當愛情就只剩沒有使用障礙而已」

「沒有不開心，也沒有開心，當愛情就只剩沒有使用障礙而已」

歡迎來到羅伊說。

「我已經結婚，感情也很穩定，直到某天無意間遇見年輕時的曖昧對象，我整個人就好像瘋了一樣，每天想他，失眠，甚至想要離婚。」

這位女生不明白，自己跟先生的感情沒有問題，婚後的生活也很穩定，但為何會突然被另一個人影響得如此嚴重。

其實這是許多人戀愛都會面臨「平淡障礙」 —— 你們的感情中沒有不開心，但也沒有開心，就只是「什麼都沒有」而已。

而當兩個人的感情處於這個階段 ——最怕遇見的不是「爭執」，而是「體驗」。

想像一下，在蘋果發表 AirPods 以前，妳是不是也覺得有線耳機沒有不好用，但也沒有特別好用，就只是「沒有使用障礙」而已。

但其實不只是科技體驗，情感體驗也是一樣 —— 有時候妳跟伴侶之間就只剩「沒有使用障礙」而已。

而此時任何一種新的產品，都可能會衝擊妳固化的感情。

所以羅伊一直認為，很多時候伴侶變心，真的不是誰能自己控制的，很可能就只是無意間遇見了一個讓人上癮

的經歷，接著就回不去了。

就像這位女生，當她在咖啡廳遇見過去的曖昧對象 ——

男生願意花兩、三個小時聽她說心裡話，替她新點了一杯熱咖啡把冷的換掉，禮貌的偷偷買單，最後親自送她上計程車再把車牌號碼回傳給她。

這一瞬間，她已經沒辦法再假裝自己沒有遇過溫柔體貼。特別當這位男生曾經是自己的曖昧對象，此刻她心中只會被四個字大大填滿 ——我本可以。

雖然這位男生的心態未必健康，很可能就只是想騙她上床 —— 但這時候只要不是立刻致死，誰會選擇健康？

抽菸不健康，熬夜不健康，喝酒不健康，吃油炸的東西也不健康，其實這些體驗全都一樣，只要不是立刻致死，誰要健康 —— 而這就是人的真實模樣。

所以最後羅伊想說，人是一種體驗動物，而體驗的特徵就是「一旦嘗試過」就回不去了。

雖然新體驗很可能會顛覆妳原本的愛情觀，甚至是道德觀。

但這時面對人性，妳唯一能做的 —— 也只剩小心追求，承擔結果。

我是羅伊，我們下次說。

"妳的愛情，只剩「沒有使用障礙」而已嗎？"

「分手後更甜蜜 —— 知道怎麼曖昧，但不知道怎麼戀愛」

歡迎來到羅伊說。

「他說我們不是很制式化的分手，想找人陪時還是跟以前一樣。我們會上床，睡覺他會抱著我，有時我覺得這樣比交往時更好，但不見面的日子又很冷淡。」

其實很多人分手分不乾淨都是這樣 —— 一旦卸下伴侶的身份，兩個人立刻又回到甜蜜期。

通常這時很多情侶就會想要再試一次，只是結果往往都不如預期。

而這當中最神奇的是，每次當雙方退回曖昧，男方立刻溫柔體貼，女方瞬間迷人可愛，但只要「重啟」情人的狀態，彼此的面目就又猙獰了起來。

其實這是每個人都必定會遇到的難題 —— 我們很能跟「熟人」相處，反而不知道如何跟「親人」相處。

特別是眼前這個親人，不像家人是與生俱來，有著不可分割的硬約束。

伴侶其實是一個「從熟人變親人」的過程 —— 而大多人都還沒學會拿

捏這樣突如其來的人際關係。

這就像同樣遭受一件不公平的待遇，跟陌生人妳會說「小事沒關係」，跟朋友妳會說「這樣很過分」，但跟閨蜜妳可能會說「那些人怎麼不去死一死」。

這就是妳能分辨雙方的人際關係，妳知道如果跨越了彼此該有的邊界，會給對方帶來困擾或麻煩。

關鍵是每當妳必須在陌生人面前「收斂」的時候，妳並不會因此覺得委屈，也不會責怪對方不能體諒。

因為人從小就開始學習如何處理「友情」，長大後才慢慢開始接觸「愛情」——這兩者無論是「人數」或是「時間」，都有很大的經驗差距。

而戀愛當中最容易犯的錯誤——就是經常把跟「伴侶」相處，當成了跟「自己」相處。

很多人都認為伴侶就該接受 100%的自己，所以在對方面前肆無忌憚，蠻橫無理，把所有的情緒展露無遺。

但其實伴侶不是自己——伴侶就只是伴侶而已。

有些話，我們能對自己講，但不能對伴侶講，有些事，我們能對自己做，但不能對伴侶做。

所以即便是每天睡在身邊的人，也會有彼此不能超過的人際關係。

而如果總是不懂「親密」的分寸，只想毫無顧慮的釋放自己——那別說是伴侶，可能就連家人都會想要逃離。

我是羅伊，我們下次說。

"很多時候我們能要求自己，不代表我們能要求伴侶。"

「男友對現在的妳跟過去的妳有了差別待遇？」

歡迎來到羅伊說。

「剛交往時想吃什麼男友都會去買，現在要他下樓去便利商店都嫌遠，在一起久了果然什麼都變了。」

其實妳男友可能不是變心，他只是對現在的妳有了「一級愛情歧視」。

所謂一級歧視，就是指針對不同的人給出不同的待遇 —— 而妳男友就是對「現在的妳」跟「過去的妳」有了差別待遇。

這就像妳走進菜市場，問青菜怎麼賣，老闆娘上下打量完妳，說一把 80 元 —— 但如果是妳媽媽來問，她可能會說一把 50 元，特價 30 元，我算妳 20 元。

這就是一級歧視 —— 她看穿了妳不懂行情，無力還價。

而在感情世界中，我們也經常這樣對待身邊的人。

某次一位男生朋友想買禮物送給喜歡的女生，結果身邊朋友給建議時，問的第一個問題都是 —— 她幾歲？

因為大部分人都覺得，20 歲的女生你就送她 NIKE，25 歲的女生你可能要送到 GUCCI，30 歲的女生你至少要送個 LV。

其實原因很簡單，隨著女生年紀不同，她們的社會歷練不同，眼界不同，享受過的奢侈品不同，所以年輕女生不用送太好的，這樣就可以盡量少花錢。

曾經也有一位女生朋友對羅伊說，某次同時有兩個男生在追求她，都問她喜歡什麼生日禮物。

結果她跟年紀比較小的男生說想要 AirPods，卻跟年紀比較大的男生說自己想要最新的 iPhone。

羅伊問她為什麼 —— 她說跟小男生要手機他也買不起。

"所以大多時候，我們在決定如何對待一個人時，評估的往往不是自

己的能力，而是對方的容忍底線。」

就好比對父母不耐煩，對閨蜜發脾氣，對朋友不講理，對情人沒耐心，結果對那些不熟的陌生人彬彬有禮規規矩矩。

其實這都是「自以為」看穿了別人的容忍底線。

所以最後羅伊想說，其實無論對象是誰，最好都不要這樣歧視對方。特別是那些對自己好的人，我們更不該給出差別待遇。

因為再高的容忍底線也都還是有個上線，而很多時候一旦突破了，很可能就回不去了。

我是羅伊，我們下次說。

"妳跟伴侶有一級愛情歧視嗎？"

「面對伴侶的感情污點，千萬別把自己也弄髒了」

歡迎來到羅伊說。

「我跟初戀男友交往兩年半，是非常穩定且契合的好友兼伴侶，直到我發現他搭訕女店員，在 FB 私訊聊天刪記錄，有感情潔癖的我變得非常憂鬱。」

這位女生原諒男友後，自己卻過得很痛苦，不太吵架的她現在經常崩潰哭鬧，甚至還會拿出傷疤刺痛對方，就像變成了另一個人，她很矛盾無助。

其實很多人的感情世界都跨越不了這兩個維度 —— 一是「初戀」，二是「潔癖」。

羅伊一直相信每個人都有感情潔癖，最多只是程度不同。而每個人潔癖的狀態也會隨著生活的經歷不斷變化。

"人生第一雙白球鞋被踩髒，總是特別心痛。"

而現在白球鞋再被踩髒，不是不心痛，只是接受了它總有髒的一天。

關鍵是要調整自己心中的標準，它髒到什麼程度，要丟。

其實談戀愛也是如此 ── 這世上並不存在沒有污點的感情，只是這份愛髒到什麼程度，要丟。

但初戀會特別痛苦，是因為第一次感情世界被踩髒的我們，還分不清楚自己的底線 ── 丟了，捨不得，留著，看了又礙眼。

這時就會陷入矛盾與掙扎，因為還沒調整好自己心中的標準，所以無從判斷這段感情的「殘餘價值」，是否值得自己繼續付出。

而此時不尋常的歇斯底里，就是在用自己都討厭的「惡」，想試圖平衡天秤 ── 當我們無法迅速找回伴侶價值，卻又放不下時，往往會選擇貶低自己。

因為如果連「這麼糟糕的我」對方都能忍受，那或許我就能說服自己接受那個有污點的他。

這時潛意識會故意展現出無理取鬧，尖銳不堪，甚至是連自己都討厭的模樣。

而有些伴侶確實能靠降低自身價值獲取平衡，甚至還能交往很久。但這種負循環其實很容易讓人上癮，因為不斷「下修自己」是最快的平衡方式。

"甚至有人還會把這種習慣，直接延續到未來的每段感情 ── 於是每談一次戀愛，自己的條件就又差了一些。"

所以最後羅伊想說，無論伴侶是什麼樣的人，我們都別讓自己變成討厭的人。無論他的污點還值不值得妳留下，但都不值得妳弄髒自己。

我是羅伊，我們下次說。

"別讓妳原有的美好，被他犯的錯一起拖進地獄。"

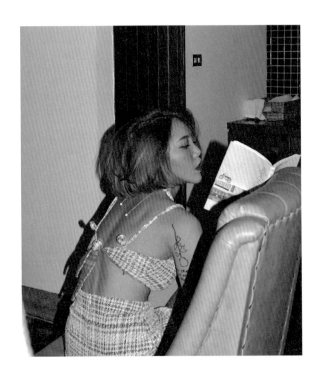

「跟男友家境差很多，他爸爸覺得不夠門當戶對」

短文系列 一

跟男友家境差很多，他爸爸覺得不夠門當戶對

有些父母培養孩子最偷懶的看人方式，就是看錢。

門當戶對是指雙方的價值觀差距，並非財富差距。

現代社會訊息透明，金錢優勢早就無法壟斷進步資源。

不仇富，不歧貧，守本分，求上進，

維繫這樣的內心世界不用兩家人，只要兩個人。

「伴侶要選合適的還是喜歡的？」

歡迎來到羅伊說。

「想請問選擇伴侶合適的跟喜歡的哪個更好？更適合走一輩子？」

其實無論是男生或女生都一樣 ── 每當伴侶又讓自己心煩意亂，大家都想過要把「喜歡的」交換成「合適的」。

好像談一段長久的感情其實也不用「超級開心」，但如果「超級不開心」就特別讓人想要放棄。

不過每當看著一個只是「聽話」或「對自己很好」的人，內心就又會懷念起為一段愛撕心裂肺的感覺。

接著這個問題就又浮現了 ── 平淡的愛像溫水煮青蛙，終有一死，激烈的愛又成了熱鍋上的螞蟻，也很難活。

而這個問題最關鍵的是人會「流動」，所以即便妳現在選擇合適的，有一天也可能不再適合，就算選擇喜歡的，妳也未必會永遠喜歡。

所以當妳無法判斷出「合適」或「喜歡」哪個正確，其實還有第三個選項 ── 選一個「值得」的。

也就是最好的伴侶很難「選擇」對的，但可以「不選擇」錯的。

曾經就有一位賭場的女公關，最初愛上了一個亡命之徒，為了賭可以三餐不繼，每次輸錢兩人的生活就會非常拮据。

直到賭場的 VIP 客人猛烈地追求她，雖然對方的年紀稍大，自己也沒這麼喜歡，但至少這位富商輸錢時不痛不癢，生活還是可以很正常。

只是最後她也選擇了跟富商分手 ── 因為輸錢荷包不痛，不代表內心不痛，雖然消費的品質可以維持，但情緒的品質不斷下降。

後來她對羅伊說，自己不該找一個「沒錢輸」的，也不該找一個「有錢輸」的，而是該找一個「不愛賭」的。

而這也是很多人選擇伴侶會有的誤區 ── 其實「愛妳」跟「害妳」一直都是可以並存的。

所以最後羅伊想說，上面的例子雖然看起來有些極端，但真實的生活可能也沒差多少。

要說走一輩子的伴侶，其實根本無需染上不良嗜好，只要「日常習慣不好」就足夠讓人崩潰。

當妳愛的人一天 20 小時都窩在家裡打電動時，妳要的不是換一個只打 12 小時的人 —— 而是誰能離開虛擬世界，走進妳的世界。

我是羅伊，我們下次說。

"好伴侶很難選擇對的，但可以不選擇錯的。"

「我們還是可以相愛，只是我不再羨慕自己」

歡迎來到羅伊說。

「經歷過這麼多事情後，妳還愛他嗎？」

「當然愛啊，哪有人說不愛就不愛的。只是我心裡很清楚，我不再羨慕自己。」

這句話簡單的話，幾乎說透了大多人的情侶關係。

想想妳是不是也這樣，跟男友熱戀的前幾個月，總覺得真愛終於降臨，之前那些跌跌撞撞，都只是為了鋪墊眼前這個人的出場。

妳跟他之間，審美一致，性格合適，趣味相投，腦中的多巴胺分泌多了，甚至連上床都特別容易高潮。

不過幾個月後劇情一轉，妳就又一次發現，真實世界的戀愛不像韓劇 —— 妳跟他之間不再熱烈，剩餘的火苗，就只夠剛好支撐著彼此不要分開。

接著妳心中就又會浮現上面那句扎心的話 —— 我們還是可以相愛，只是我不再羨慕自己。

這就是戀愛的真實過程，總有一天我們會不再跟愛情鬧彆扭，只把眼淚留給電影跟小說。

好像每個人都一樣，十八歲的愛情是要追求唯一，二十八歲的愛情是在尋找開心，三十八歲的愛情是想獲得平

靜，而到了四十八歲，愛情就只剩下驅散孤單。

而無論曾經妳有多麼堅定，最後任誰也逃不出這樣的愛情規律。

不過這樣真的就不好嗎？其實也挺好的。

一位「愛情勝利組」的女生朋友對羅伊說 —— 我的美好戀情，來自我對「人生沒真愛」的妥協，因為在那之後我才開始關注什麼是「經營的愛」。

因為愛情美好的定義，其實是會隨著時間流動的 —— 妳曾經追求的熱烈，有一天可能會轉為期待溫暖。

所以最後羅伊想說，如果妳現在正處於一段愛情的平淡期，內心的那些糾結，焦慮，不安，可能隨著時間的流逝，最終都會消散。

此時妳該想的不是火花去哪了，而是現在彼此的溫度，剛好。

我是羅伊，我們下次說。

"愛情最好的模樣，可能不是神仙眷侶，而是平凡無奇。"

「安全感不等於存在感 ——

尋找自己的價值，不要尋求別人的關注」

歡迎來到羅伊說。

「我是一個很需要安全感的人，男友只要稍微冷落我，或沒注意到我的情緒，我就會一直胡思亂想，到底安全感是另一半給的，還是自己給自己的。」

其實不只是愛情，很多友情也都會遇到這個問題 —— 許多人會錯把「存在感」當成了「安全感」。

好像只要別人把「焦點」放在自己身上，就能藉此證明自己的重要性。

特別是在交往的熱戀期，對方寧願熬夜也要見面，大老遠趕來只為了相處五分鐘，每天睡前都不忘記說晚安，這些「超額付出」都能讓人感到非常「安心」。

因為伴侶多餘的「時間」，「精神」，「金錢」，這些「有形資產」總是特別能讓自己被衡量。

但只要伴侶的注意力慢慢轉移，雙方的感情從「有形交流」邁向了「無形交流」，此時就很難再找到自己「存在」的價值。

其實這就是錯把「存在感」當成了「安全感」，好像自己沒有了「明碼標價」就一無是處。

而這也恰恰是很多人會有的誤區 —— 「存在感」只是希望別人給自己一個明確的價格，「安全感」才是在尋找自己真實的價值。

所以安全感的真正定義 —— 從來都不是「誰不能沒有我」，而是「我可以沒有誰」。

因為只有當一段感情不再需要跟對方「要時間」，那才是最安全的，此時妳已經意識到自己的時間也很貴，不是別人想換就換。

而這也是為什麼通常越是跟別人討關注，結果就越得不到關注 —— 很多人以為為伴侶放棄生活是「偉大」的，但殊不知這在對方眼中反而是「廉價」的。

所以最後羅伊想說，其實「存在感」再怎麼刷也刷不出「安全感」，
因為兩者成立的邏輯本來就不同。

一段感情只有當雙方都意識到了自己的價值，才能期待對等的交換。

我是羅伊，我們下次說。

"安全感不是誰不能沒有我，而是我可以沒有誰。"

「選男友，好笑比好看重要多了」

歡迎來到羅伊說。

「有兩個男生同時追我，一個很體貼，也很帥，另一個條件普通，外型也普通，但很會逗我開心。家人都說第一個好，但我好像比較喜歡第二個。」

其實這個問題羅伊也問過很多女生，得到的答案幾乎全都一致 —— 「好笑」比「好看」重要多了。

這世上有一種男生「自帶魔力」，明明不是特別帥，也不特別紳士，但一開口就能吸引女性，甚至連男性都喜歡跟他來往 —— 這就是「幽默」的力量。

而面對「有趣」這個競爭對手 —— 很多時候就連「有錢」都敵不過。

其實道理很簡單，因為女生所有的追求 —— 好看，有錢，細心 —— 最終目的都是為了能讓自己開心。

但上面這些條件跟開心都屬於「間接關係」，需要特定的「觸發機制」才能獲得滿足。

男友長得帥，前提是妳的審美要永遠不變，這非常困難。而就算妳的審美可以不變，但男友的長相總會隨著時間改變。

另外「錢本身」並不能帶來開心，消費才行。關鍵是「消費愉悅」很容易遭遇天花板，買著買著總會疲乏或買不下去。

而溫柔，體貼，細心，這些特質都需要「具體事件」去體現。男友彎下腰替妳繫鞋帶很感人，但妳的鞋帶一年可能掉不到十次。

唯獨「幽默」不同，它能直接觸擊內心 —— 有趣的靈魂可以一年 365 天不間斷的給妳開心。

這就是為什麼很多女生選來選去，最終還是選擇「幽默」的男性。

所以最後羅伊想說，其實人生最大的意義，就是能活得開心。世俗標準可能只是一個平均標準，不一定適合所有的人。

別人找帥哥很刺激，妳未必，別人男友細心很甜蜜，妳未必，別人嫁富二代很霸氣，妳也未必。

而無論是戀愛，工作，興趣，生活 —— 都不要被「別人的價值觀」影響自己的選擇。

因為只有找到屬於自己的開心，妳才能一直快樂下去。

我是羅伊，我們下次說。

"好笑跟好看，妳選什麼？"

「男友提分手，說我不夠漂亮，找不到甜蜜的感覺」

短文系列 一

男友提分手，說我不夠漂亮，找不到甜蜜的感覺

以貌取人確實很爽，也很難抵抗。

但愛情能持久的魅力，還是更重思想。

況且現代女生只要不懶，變漂亮已是可預知的事實。

但此刻千萬記得，未來那個漂亮的妳，已經與他無關。

「伴侶要的是生活，不是活著」

歡迎來到羅伊說。

「情人節送我 LV 又怎樣，我自己買不起嗎。」

羅伊陪一位女生朋友去 LV 專櫃拿男友送她的後背包，由於要調貨男友就只先付了錢，但懶得再跑一趟，於是乾脆叫她自己去拿。

途中那女生面無表情，羅伊就問她，收到 LV 妳不開心嗎 —— 開心個屁，我自己買不起嗎，叫我自己來拿跟直接給我現金有什麼區別。

這就是很多情侶會犯的錯誤，他們並不了解彼此現在走到了什麼階段。

其實人的需求會一直進化，逐漸由低級需求一步步邁向高級需求，也就是美國心理學家馬斯洛提出的五層次需求理論。

第一層是生理需求，也就是吃飽穿暖 —— 這個階段要滿足基礎的物質生活。

下雨天不用騎著摩托車淋雨，吃個小火鍋不用等節日，不再需要為了省十塊去超市排隊買打折商品。

第二層是安全需求，也就是安全感 —— 吃飽穿暖後，伴侶要清楚知道，對方絕不會輕易的離開或背叛。

所以如果沒有足夠的安全感，送包送錶送手機，也很難讓人開心。

第三層是社會需求，也就是社交圈 —— 這個階段伴侶要有充分的交友權，能自由跟家人朋友分享生活。

很多男人都覺得可以用「愛」跟「錢」來限制女友，但其實是辦不到的。

第四層是尊重需求，也就是要活得有尊嚴 —— 這個階段如果沒有給彼此尊重，那其實給什麼都沒有用 —— 典型的問題就是家族關係。

羅伊看過很多朋友的婚姻都死在這裡，女生覺得在男方家裡一點尊嚴都沒有，親戚說什麼都得點頭，而老公只會叫她忍氣吞聲。

這些人最終幾乎都會離婚，而女方為了自尊甚至可以連一毛錢都不要。

最後是第五層需求，也就是自我實現需求 —— 人開始追逐自己活著的意義。

賈伯斯當年挖角百事可樂的 CEO 時，利用的就是這層需求。

面對一個不差錢的人，你只能問他 —— 你是想賣一輩子糖水，還是跟我一起改變世界。

其實許多交往很久的伴侶，最終分開也都是因為這個原因。

他們感情沒遇到問題，生活也還算富裕，關鍵是跟對方在一起，他們覺得自己被這個世界忽略了。

所以最後羅伊想說，一段好的關係是層層遞進的。

物質 —— 安全感 —— 社交圈 —— 尊嚴 —— 最後是自我實現。

而如果你們的關係已經進入了新階段，就不要再只給舊需求。你們可能改變不了全世界，但肯定能改變自己的小世界。

我是羅伊，我們下次說。

"忽略伴侶層層遞進的需求，付出就會是空炮彈，怎麼都打不中。"

「那不是冷靜，那是冷暴力」

歡迎來到羅伊說。

「每次吵架就不回訊息，不接電話，問要不要當面講清楚也不願意，只會說是想冷靜一下，但結果就是要等到我態度軟下來，主動低頭。」

其實這位女生講的一點都沒錯 —— 很多伴侶嘴上說是要「冷靜」，但內心就是在實行「冷暴力」。

而這兩者最大的區別，一個是「冷漠停戰」，大家停止使用「熱兵器」，不再傷害彼此的感情。

另一個是「冷漠威脅」，自己改用「冷兵器」，目的還是逼迫對方認輸。

特別是有些人會故意把冷戰包裝成「成熟的象徵」，用一些「無法證偽」的說詞為自己脫罪。

這場戰爭如果贏了，就能獲得自己想要的結果，如果輸了，也能給自己一個台階 —— 說冷靜只是不想大吵大鬧。

不過這樣的「伎倆」大家心裡其實都清楚 —— 成年人的世界，很多事情嘴上不戳破，心裡還是替對方的幼稚難過。

羅伊就認識一位朋友，每次得不到自己想要的東西就會鬧彆扭，可以一、兩個月都在冷戰，對伴侶是這樣，對朋友也是這樣。

然後等到別人願意妥協，他還要說自己選擇冷靜是成熟，不是為了爭什麼 —— 言下之意就是「裡子面子」全都要了。

關鍵是他總以為自己的「歪理」爭贏了就是「真理」，完全不知道自己在朋友圈的風評極差。

直到最後大家都離去時他才清醒 —— 其實一個人真正的評價，不是自己說的，也不是別人說的，而是別人「心裡」想的。

所以最後羅伊想說，如果伴侶還能大吵一架，那就別選冷戰。

吵架無論誰贏誰輸，至少都還能聽見彼此的真心話，但「冷漠獲勝」

的結果就只能是別人對自己「客套」一下。

因為如果伴侶是真心想要冷靜，不願再惡言相向，那給出的感覺其實會是「溫暖」的，而不是「冰冷」的。

但假如那只是一種冷漠威脅，日子久了，伴侶的心也就真的涼了。

我是羅伊，我們下次說。

"人的評價，不是自己說的，也不是別人說的，而是別人心裡想的。"

chapter

06

「每個人都可以擁有愛情，但那跟婚姻未必能扯上關係」

「婚姻不是漂泊的結束，而是驚濤駭浪的開始」

歡迎來到羅伊說。

「婚姻就像圍城，城外的想衝進去，城裡的想逃出去。」 —— 這句話把大多數人對婚姻的心態寫透了。

而真正能躲過的人，都是因為對婚姻有足夠的了解。

其實婚姻就像人生的中繼站，透過兩個人的協同效應，將自己原有的優勢放大再傳遞出去。

所以還在城外的人，就容易對婚姻產生憧憬 —— 總覺得進了城，有了家，似乎也就安全了。

只不過，這些每天被殘酷社會對待的人，進去了才發現 —— 裡面還是社會，而且複雜得多。

這個一眼望去沒有盡頭的中繼站，根本沒有終點站 —— 一旦進了城，妳就再也無法出來。

其實這就有點像兩個人合夥做生意，一旦融資，雙方就沒有辦法自由退出。

而婚姻就是對彼此進行了「人生融資」—— 除非這段婚姻宣告失敗，否則妳永遠都不能退出。

接著妳每天都會面臨這些問題 —— 家庭的生產力是什麼？資產會不會通貨膨脹？合夥人會不會欺騙我？他跟別的女人是不是偷偷開了別的公司？

這就是為什麼在城裡的會想逃出去，因為那時在是太累人了。

當妳只是一個人時，妳能自由選擇想要的人生，不必在意別人眼中的好壞。

可一旦結了婚，對方肯定會希望投資有所回報，而且越多越好，永無止盡 —— 當然，妳對他的想法也是一樣。

在這座城裡，外界不再給妳任何資源，所有的事情妳都必須自理。姐妹不再能大方跟妳說實話，異性不想惹麻煩也會離妳而去。

妳將獨自一人面臨夫妻之間的情緒問題，情感問題，生育問題，教養問題，經濟問題，婆媳問題。

外人最多聽妳吐吐苦水，但晚上妳還是得自己回家面對 —— 除非妳的婚姻已經徹底死了。

所以最後羅伊想說，如果一個人把婚姻本身當成美麗的島嶼，那一開始的設定就錯了。

因為上岸後妳要做的第一件事情，不是放鬆享受，而是砍柴生火。

我是羅伊，我們下次說。

"婚姻不是戀愛的升級版，只是另一種更複雜的伴侶關係。"

「最後，她買了 1.5 克拉的鑽戒把自己嫁出去」

歡迎來到羅伊說。

「婚戒沒有 1.5 克拉我才不嫁。」── 對羅伊說這句話的女生，最後買了 1.5 克拉的鑽戒把自己嫁出去。

婚禮那天她確實戴上了一顆很大的鑽戒，所有女生都羨慕極了。

但妳不知道的是，其實她跟男友一直有一個共同帳戶，用來存結婚基金，雙方約定好只要存到一個數目就結婚，而那顆鑽戒就是用這個結婚基金買的。

而妳更想不到的是，這個結婚基金裡所有的錢 ── 幾乎都是由女生自己存進去的。

因為當時女生已經 30 歲，她比男友更想結婚，於是只好拼命存錢，希望盡快存到那個數目。

但由於結婚基金幾乎都是自己存的，所以最後她決定買一顆大鑽戒犒賞自己。

羅伊還有另一個很漂亮的女生朋友，從前也總說鑽戒沒有 2 克拉絕對不嫁，她好幾任前男友都娶不到她。

結果偏偏最後一任男友，也是大家公認條件最差的一位，只用了很普通不帶鑽的 K 金戒指就把她娶回家了 ── 沒錯，因為她懷孕了。

當她的肚子一天天大起來，她就陷入了比男友更迫切結婚的局面，這時她會對男友的條件做出最大的讓步。

其實這就是經濟學需求定律裡的「相對彈性」 ── 也就是交易雙方誰更願意吃虧，取決於誰更想要獲得需求。

"下大雨是男友接妳還是妳搭車過去，取決於誰更想碰面。妳手上那顆閃亮的鑽戒由誰買單，取決於誰更想結婚。"

羅伊見過很多女生，只要一過 28 歲，或不小心懷孕，就覺得自己再不結婚人生就要毀了。

一旦妳把結婚的渴望寫在臉上，那妳幾乎就要為結婚的一切買單 ——
當然還包括婚後不好的生活，妳也要一併承受。

所以最後羅伊想說，女生千萬不要因為急著結婚，最後不停犧牲自己。
其實妳的年齡，甚至肚子裡的孩子，都不構成結婚的必要條件。

此時妳一定要知道 —— 盲目結婚不會讓妳更好，只有更好的妳能讓未
來更好。

我是羅伊，我們下次說。

**"現在這個時代，如果能遇上很棒的婚姻，恭喜妳。如果沒有，其實
真的也沒什麼關係。"**

「分房睡，救活愛情」

歡迎來到羅伊說。

「即便是世界上最幸福的婚姻，一生中也有 200 次離婚的念頭，與 50 次想要掐死對方的想法。」

一對兩人都破百歲，結婚超過 78 年的恩愛夫妻說過這麼一段話。

這讓羅伊想起了「刺蝟原理」—— 好的愛情一定要保持距離。

所謂刺蝟原理，就是刺蝟在冬天相互取暖時，如果緊靠在一起就會刺痛對方。所以刺蝟會來回調整到一個最恰當的距離，才能同時取暖，又不傷害對方。

這就是羅伊經常說情人可以同居，但未必要結婚的真正原因 —— 因為「保持好距離」是伴侶能長久的重要條件。

當然此時很多人會問，同居跟結婚到底差在哪裡？

其實同居跟結婚最大的差別，就是在不受法律與輿論的約束下，可以合法保有調整兩人之間距離的權利。

就像只有「同居可以單方面決定分房睡」—— 這樣兩個人才能自由的

呼吸。

而婚姻關係的明文約束，讓妳必須承擔社會輿論的精神壓力，甚至是法律的實際制裁。

這讓明明有機會可以喘息療傷的兩個人，只能不停把自己刺進對方身體的刺，越刺越深。

讓彼此在快要崩潰的邊緣，依然走進那個令人窒息的房間。

聽到這或許有人會認為，都走到要用分房睡來緩解彼此惡劣的關係，兩人還有在一起的必要嗎？

其實這就是「激情」跟「伴侶」的區別 —— 舉個很簡單的例子，友情。

羅伊到目前為止，至少遇過十位以上的「激情」朋友。

也就是在滿足某個條件或特定場合下，我覺得這個人實在是太酷了，簡直跟我一拍即合，我們注定就是要當好朋友吧。

但事實上，這些人在羅伊的生活中早已消失，我甚至都不記得有誰出現過。

相反來說，真正認識超過十年，到現在還陪在羅伊身邊的朋友，我大約都有 50 次想要掐死他們的念頭。

而每當我有這樣的想法出現，唯一能拯救這段友情的原因，就是吵完架我們會各自回家 —— 然後我們可以一天，一個星期，甚至一個月都不見面。

接著兩個人才又像刺蝟一樣，慢慢調整距離，回到對方身邊取暖。

所以最後羅伊想說，真正好的伴侶其實就是一對超級好朋友 —— 總有刺傷對方的時候，唯有保持好距離才有可能細水長流。

我是羅伊，我們下次說。

"人心都是刺，也都被刺，可以親密，但不能沒有距離。"

「如果生命只剩十年，妳會留給現在的伴侶嗎？」

歡迎來到羅伊說。

「我跟男友之間沒什麼問題，他的條件也不錯，只是有時半夜睜開眼睛看著他，我都會問自己，難到這一輩子我都要睡在這個人身邊嗎？」

其實這是伴侶關係中很經典的問題，相信大部分的人也都這樣問過自己，只是很難分辨內心深處的真實答案。

特別是諾貝爾獎經濟學家傅利曼說過，按照生命長度與人口總數，這世界上兩個唯一真愛的人，相遇的機率是 0。

所以妳真正要學會分辨的，並不是眼前這個人是不是真愛，而是妳到底該不該離開 —— 羅伊聽過的三個思想實驗或許能夠給妳答案。

思想實驗一：如果此刻就把跟他交往的附帶結果直接給妳，妳還會願意繼續跟他交往嗎？

假設妳現在的男友是個超級富豪，妳很清楚如果跟他結婚，未來妳可以獲得夢寐以求的生活質量。

但這時突然有個阿拉丁神燈出現，直接把妳自己變成了一個超級女富豪，妳還想繼續跟他走完一輩子嗎？

這個實驗分析的是「結果對動機的影響」，就是當妳在做一件事時，妳到底是喜歡這件事本身，還是只喜歡這件事的附帶結果。

思想實驗二：如果妳跟男友的戀愛過程都只能默默享受，不能向別人展示任何細節，妳還會願意繼續跟他交往嗎？

例如妳的男友非常浪漫，總是喜歡給妳驚喜，經常帶妳去漂亮餐廳，還動不動就送妳禮物，生日為妳點滿一千顆蠟燭。

但如果這些事妳全都不能對外展示，不能拍照給別人看，不能在社交軟體上打卡發文，不能跟好友分享喜悅，那妳還會想繼續跟這個男友交往嗎？

這個實驗區分的是「內在動機與外在動機」，也就是妳的驅動力是來

自別人的眼光和看法，還是自己本身的真實喜好。

思想實驗三：如果妳的死亡日期已經公佈，那妳還會繼續跟眼前這個人交往嗎？

假如今天死神突然出現，說妳的生命只剩下十年，那妳還會想把剩下的十年都給現在的男友嗎？

這個實驗考驗的是「恐懼現狀還是恐懼改變」 —— 因為此時此刻，妳真正應該選擇的是依然想把最後十年也給他的人。

我是羅伊，我們下次說。

"未來十年，妳要給誰？"

「嫁人，別看他對妳有多好，要看他對陌生人有多好」

歡迎來到羅伊說。

「我跟男友相處的很好，但就是不知道他是不是對的人，到底要如何判斷或確定另一半適合結婚？」

其實很多女生真的面臨婚姻時都會猶豫 —— 眼前這個男人，真的值得我嫁給他嗎？

而這時女生的第一反應，通常都是分析男友對自己好不好？條件怎麼樣？能給自己多少未來？

但事實上，很多時候「嫁壞」的原因 —— 就是女生在判斷男人好不好時，經常「只關注」著他對自己好不好。

因為當一個人陷入愛情，甚至是想要娶妳，腦中分泌大量的多巴胺，他怎麼可能會對妳不好。

況且如果連要結婚了都還對妳不好，那妳真的也就別考慮嫁給他了。

所以這時女生真正該關注的，其實是男友平時對普通人好不好，甚至是對陌生人好不好 —— 也就是他的「人品」到底好不好。

特別是面對那些跟他「沒有直接關係」的人，他的態度會不會有明顯的轉變？他笑臉迎人的時候，是不是只因為擔心自己的利益會受損？

這就像有些人，他可能不敢得罪樓下的麵攤，因為他知道自己需要經常回去消費。

但面對「外送人員」、「計程車司機」、「出國旅遊的飯店櫃檯」，就是這種一次性博弈關係的對象，他們的態度總是非常糟糕。

羅伊自己曾經遇過一個業務員就是這樣，因為要做你的生意，所以平時對你特別客氣，他結婚時我還有去，當時他老婆看起來非常幸福。

結果有一次我在路上遇到他跟老婆小孩，還沒來得及跟他打招呼，就看到他對一個賣果汁的婆婆大發脾氣。

他老婆一臉抱歉，但什麼話都不敢講 —— 臉上寫了四個大字，無能為力 —— 就是嫁給了一個這樣的人，妳完全不會獲得幸福。

而如果遇到這種對陌生人態度很差的伴侶妳就要多想一下，因為當他對妳的熱情逐漸退去，本性可能就會顯現出來。

所以最後羅伊想說，戀愛跟結婚是兩件截然不同的事。

戀愛時妳只需要關注這個人現在對妳有多好 —— 但結婚妳是要評估這個人未來會對妳有多壞。

而如果妳有把握這個男生已經不愛妳，或妳已經不愛他，他都還能懂得尊重妳，那嫁給他就算沒有美麗的結果，但至少也能優雅的結束。

我是羅伊，我們下次說。

"優秀的伴侶，對自己好只是低標，對別人好才是高標。"

「前男友們都結完婚了，剩我沒嫁出去會不會很丟臉。」

短文系列　一

前男友們都結完婚了，剩我沒嫁出去會不會很丟臉

羅伊結婚的朋友們，一半都離完婚了，剩下很多也在苦撐。

於是單身的羨慕結婚的，結婚的羨慕離婚的，離婚的又羨慕單身的。

所以才說婚姻就像圍城，外面的想衝進來，裡面的想逃出去。

現代女性要的可能早就不是歸宿，而是自由。

「小三也有掙扎 —— 他說不會離開我，只是不能更靠近了」

歡迎來到羅伊說。

「一次聚會喜歡上一個已婚男子，之後只能靠著每週三小時在 Hotel 溫存，他說不會離開我，只是不能更靠近了。」

一位放不下戀情的小三，不知道自己到底是要忍痛離開？還是該委屈求全？

其實羅伊經常被問到這種「要離開」還是「要繼續」的問題，簡單來說就是「腦醒」但「心沒醒」的問題。

這些猶豫該走還是該留的人，她們不是不明白道理，只是下不了決心。

因為人是有著「強烈社交慾望」的動物，而每個人的價值，又都是經由別人的反饋而來的。

這就是為什麼很多時候當下的「關係」，會比「對錯」來得更重要 —— 有些事情一旦遇到了，確實很難果斷清醒。

但對於這些很難下決定的人，其實有一種可以跳脫思維的方式 —— 終局思維，也就是妳期待這個故事的結局是什麼？

就以上面這個問題來說，這位男生結婚八年，有三個小孩，在一次聚會中跟妳發生關係。

先不說他到底是不是玩玩而已，就直接讓妳能跟他更靠近，但這真的是妳想要的未來嗎？

首先，他離婚可能有兩種情況，一種是妳被發現了，一種是他把妳藏的很好自己解決。

第一種情況我相信很少人會想遇到，或遇到了可能也會非常難堪。

而第二種，無論用什麼方式，他順利的離婚了。接著妳名正言順成為了他的女朋友。

但接下來妳要面對他的家人，親友，還有三個孩子 —— 妳跟他必須在所有人面前演戲，說你們是在他離婚後戀愛的，順利的話妳可能可以騙一輩子。

緊跟著妳還要面對他的前妻，因為不管最後誰擁有了這三個孩子的扶養權，他們都不可能斷了聯繫，所以妳必須接受他們有時可能會丟下妳一家團聚。

而在妳還只是女朋友的階段，他跟前妻隨時有機會可以復合，或上床，且不受任何制約。

最後妳好不容易撐過去了，終於跟他結了婚，獲得了法律的保障 —— 但妳心知肚明所有的保障全都是騙人的，因為「妳自己」就是這樣躲過了一切。

這就是為什麼大部分的小三，總是活得提心吊膽。而這樣的結局也不是完全沒有幸福的概率，只是很可能會伴隨著陰影。

我是羅伊，我們下次說。

"雖然很多時候當下的「關係」會比「對錯」來得重要，但通常這種結局都不是自己真正想要的。"

「愛情不是妳人生的全部，別讓它耗盡妳全部的人生」

歡迎來到羅伊說。

「今年 29 歲，愛情長跑十年。男友一直規劃，等到事業有成，然後娶我。但是三年前答應的美好藍圖，現在反而完成不了，要求我再多等三年。」

其實很多女生都錯把愛情跟婚姻當成「幸福的解決方案」 —— 生活不順時想戀愛，戀愛不順時想結婚，而結婚不順時才發現自己忘了好好生活。

這當中還有很多女生「追逐」婚姻久了，內心會不自覺開始焦躁，早就不記得最初想結婚是為了幸福 —— 甚至最後被逼急了，就算明知不開心也要結婚。

而這種「目標感遺失」，最主要是人在追求某件事情時，經常會慣性綁定「一對一」的條件跟結果。

例如很多人覺得「有錢」就會「快樂」 —— 那就先有錢吧，結果就是一直幹著自己不喜歡的工作。

另外還有人認為「結婚」就會「幸福」 —— 那就先結婚吧，結果婚後發現沒錢的婚姻不會快樂 —— 於是又開始了同樣的死循環，那就先有錢吧。

而這種追求生活的方式，到後來很容易就會分不清自己最初到底是要錢，還是要快樂，是追求結婚，還是追求幸福。

所以從前人們對婚姻的最低要求是「篤定」，但現在大部分的婚姻都只是「賭注」 —— 妳在賭對方能堅持下去，殊不知對方也在賭自己能堅持下去。

關鍵是如果這種「賭注式婚姻」最後失敗了，通常只有一方的心態會崩潰，而另一方大多時候只會感到解脫。

這也是為什麼我們經常看到某些夫妻離婚，明明分開後的起始條件都差不多，但最後卻過上了截然不同的人生。

因為當一個人把自己的「未來」鎖死在單一目標上，那最後的結果就只是把「自己」鎖死。

所以最後羅伊想說 —— 愛情不是妳人生的全部，千萬別讓它耗盡妳全部的人生。

當某天再有人把「美好藍圖」四個字丟到妳的面前時，妳應該要看到真正的關鍵字是「美好」，而不是「藍圖」

我是羅伊，我們下次說。

"任何事物都只是美好生活的「加分條件」，並不是「絕對條件」。"

「他說很愛我，但跟老婆離不了婚」

短文系列　一

他說很愛我，但跟老婆離不了婚

愛是一件無法證實也無法證偽的事，

這讓說的人容易，聽的人當真。

甚至很多時候愛還能成為慾望的免死金牌，

好像只要表明了愛的立場，貪婪立即就變成了合情合理。

「她怎麼也沒算到，孩子是老公留住她的工具」

歡迎來到羅伊說。

「就這樣我們幸福的結婚了，直到有天老公喝醉說出真相……」 ——
這是羅伊聽過愛情最大的陰謀論。

前些日子羅伊在咖啡廳聽見一群年輕媽媽聊天，其中有位媽媽一臉尷
尬說出自己跟老公的結婚故事。

這位漂亮媽媽今年 25 歲，老公也才 25 歲，兩人 23 歲在酒吧認識，
交往半年多就懷孕結婚。

兩人交往最初，女方其實並沒有很投入，她知道自己長得漂亮，條件
也很不錯，況且大學才剛畢業沒多久，打算多觀察幾個男友再定下來。

不過有一天她突然發現，雖然兩人上床都有做安全措施，結果還是不
小心懷孕。

而當時男方只有23歲，根本沒有任何經濟基礎，可卻說自己很愛小孩，
也願意勇敢負責。為此她非常感動，於是兩人決定結婚把孩子生下來。

她沒有聘金，沒辦婚禮，月子在家做，小孩自己帶。

但值得慶幸的是，至今老公仍然對她很好，白天工作即便辛苦，晚上
回家還是會幫忙家務。經濟能力雖然普通，但至少非常上進，也還算
能期待未來。

直到某次兩人在家喝酒聊天 ——

「你那時候聽到我懷孕，怎麼會這麼勇敢說要結婚？一般 23 歲的男生
肯定會叫我把小孩拿掉。」

「當時妳既漂亮又聰明，我很清楚想要留住妳，跟妳談愛是沒有用的，
唯一的方法就是讓妳懷孕。所以我們喝醉上床時，我都會故意把保險
套拿掉。」

此時她才知道 —— 原來老公真正想留下的不是孩子，而是自己。

現在她白天在家帶小孩，下午偶而跟朋友去喝杯咖啡，晚上等老公回家吃飯，假日洗衣掃地整理家務。

原本一直以為這是上天的安排，所以心中沒有任何疑惑。但現在知道了真相，就不免會羨慕那些同樣 25 歲，卻依然自由自在的女生。

況且她結婚才一年多，誰又能保證老公會愛她多久 —— 這位 25 歲的年輕媽媽，怎麼也沒算到孩子是老公留住她的工具。

所以最後羅伊想說，很多時候當男人說愛妳時，當下可能都是真心的，只是這個真心未必經得起時間的考驗。

因為決定都是瞬間的 —— 但後果卻是長期的。

我是羅伊，我們下次說。

"婚姻與小孩都一樣，瞬間的決定要用一生去承擔。"

歡迎來到羅伊說。

「跟初戀在一起五年依然很甜蜜，但他還不夠成熟，不是可靠的男人。最近長輩提了結婚，我不想，很猶豫是不是該分手，很怕再過幾年就更難走了。」

其實很多男生或女生都會遇到這個問題 —— 每當面對交往多年的伴侶，說分手總是「不捨」，談結婚卻又「不甘」。

雖然在一起的時候經常感覺不太適合，但這麼多年卻還能保持熱戀也很難得 —— 此時分手似乎「太早」放棄，再耗下去又怕「太晚」離開。

特別是當雙方都是彼此的初戀，兩個人也都沒有「參考座標」去判斷另一半值不值得。

所以一旦到了適婚年齡，這段感情似乎就只能變成一場「賭局」 —— 只是此時雙方最怕輸掉的通常不是「青春」，而是「體驗」。

每當眼前出現不錯的異性，再想到自己這輩子只能跟一個人相戀，親吻，擁抱，上床，內心強烈的「分手慾」就會油然而生。

雖然內心很捨不得「現在的伴侶」，但卻更怕對不起「未來的自己」，因為誰都不敢保證之後會不會出現更好的人。

但這也恰恰是很多人會有的誤區 —— 妳這輩子會不會有更好的體驗，不是「妳的選擇」決定的，而是「妳的思維」決定的。

當一個人還會糾結「食之無味棄之可惜」的問題，本質上就是還處在愛情是「靠運氣」碰來的階段。

這些人對愛情抱持的想法是「隨機邏輯」 —— 總以為戀愛就像小說標題，有一個人剛好愛我，而我也愛他。

但真實的人際關係其實是「匹配邏輯」 —— 妳周圍會出現的人都不是「剛好運氣」，而是彼此「相互吸引」的結果。

所以如果這樣的想法沒有改變，即便自己拿出勇氣跟初戀分手，未來會遇到的人大概率還是「妳的初戀」，只是長相不同而已。

而當二戀，三戀，四戀……，十戀之後，妳還是會再問自己同樣的問題 —— 我還會不會遇見更好的人。

直到某天發現自己再也等不起了，於是草草選了個人 —— 其實這種婚姻才是最大的「賭局」。

所以最後羅伊想說，妳會不會遇見更好的伴侶，最簡單的判斷方式，就是先觀察自己身邊的「非戀人」有沒有開始變化。

如果一個人的交友圈一直都有流動，有競爭，有提升，那新的對象大概率也會隨之產生。

但如果自己身邊的人早已固化，或是即便新增也只是同類的人，那換個對象很可能也就是換張臉而已。

我是羅伊，我們下次說。

"如果思維沒有改變，結婚或分手都一樣冒險。"

「終於走上紅毯，妳還是沒嫁給那個最愛的人」

歡迎來到羅伊說。

「為什麼最後陪在身邊的人，總是最適合的，而不是最愛的。愛需要承擔責任的勇氣，但這勇氣怎麼卻在受傷後不見了。」

其實很多人都會遇到這個問題 —— 在結婚的那一刻內心很清楚，眼前這個互相交換戒指的人，並不是自己最愛的那一個。

甚至有些時候 —— 就連對方心裡也都是這樣想的。

但這種事情之所以存在，大多時候並不是要跟現實「妥協」，只是已經明白人總要學會「向前」。

因為人不是只有生理極限會受年齡影響，心理同樣也會 —— 年輕時妳能給出的「愛的極限」，必定會隨著年紀慢慢遞減。

曾經妳可以為了一個人撕心裂肺，癒合，再撕裂，又癒合，這樣一週反覆循環五天，到了週末兩人又激動上床，前面發生的一切彷彿都不存在。

但現在別說要在心裡劃一刀 —— 就連每天熱吻妳都會嫌太耗心力。

所以妳並不是非要放棄那個最愛的人，而是很清楚自己最愛的那段時光，已經不可能回來了。

或者也可以這麼說，妳最捨不得的，其實只是當時的自己 —— 因為即便把那個對象還給現在的妳，妳也不會再感受到相同的悸動。

曾經就有一位家境很好的漂亮女生，跟一個玩世不恭的男生在一起八年，把青春年華都給了他，但分手後卻一點都不後悔。

當她跟「最適合的丈夫」站上禮堂，「最愛的前男友」就坐在下面，那一刻她很清楚這是最好的結局。

後來她說自己早就知道跟最愛的人不會有結果 —— 結婚是為了找適合的對象一起生活，「愛」只是她留給自己青春的一份禮物。

所以最後羅伊想說，其實大多時候妳以為的深刻，可能都伴隨著相對的時空，背景，年紀，眼界，甚至無知。

而妳之所以再也遇不到一個能讓妳瘋狂的人 —— 是因為妳已經成長成一個不再需要瘋狂的人。

接著某天妳會發現，激烈的愛早已不再適合自己，原來最美的戀情就是平靜。

我是羅伊，我們下次說。

"沒有時空背景，妳最愛的那個人也將隨之逝去。"

還能重來嗎 ——

任何破碎的事物都能修復，

只是不再完好如初。